한자 줍기

한자줍기

최다정 산문집

아침달

일러두기

· 단어를 구성한 한자에 담긴 뜻을 특별히 새기고 싶은 경우와 작가명, 책명, 지명 등의
고유명사는 한자로 표기하고 우리말 독음을 병기했다.

· 한자와 한문의 의미를 우리말로 풀이한 경우, 괄호 안에 해당 한자와 한문을 병기했다.

· 제목의 한자 뜻풀이, 인용문에 포함된 한자, 소제목 등에서는 '우리말(한자)'의 형태로
표기했다.

시간을 뛰어넘어 과거와 연결되는 행운은
자주 찾아오지 않는데
오늘 밤엔 선물처럼 옛날 사람들과 닿아
긴 대화를 나누었다.

시간의 창문을 여러 번 건너다녔다.

시작하며

수백 년 전 조선의 작가가 쓰고 엮은 책들이 도서관 고서실 서가에 꽂혀 있다. 세월이 형성한 기품으로 팽윤한 고서를 한 장씩 넘기며, 띄어쓰기 없이 빼곡한 한자들을 더듬어 읽는다. 먼지 쌓인 종이는 나긋하게 낡아졌지만, 그 안에 각인된 한자들은 처음 작가가 놓아둔 자리를 꿋꿋이 지켜오는 중이다.

선조들은 '漢字한자'라는 문자로 일기를 쓰고, 시를 쓰고, 소설을 썼다. 굽이굽이 길고 긴 이야기를 하나하나의 한자 안에 성심껏 함축했다. 한자로 쓰인 글 안에 담긴 옛 문인의 절절한 사연이 시공간을 건너와 이곳까지 흘러넘쳤고, 나는 그 진심을 알아주고 싶어서 주어진 대부분의 시간 동안 한자 밭에서 뒹군다. 옛사람이 밭을 일궈 뿌려둔 씨앗은, 오늘의 연구자와 주파수가 통하는 순간

그제야 비로소 꽃을 피워 열매가 영글고 뿌리와 가지를 뻗어 나간다.

한자를 통해 전해진 과거 사람의 감정이 오늘 나의 말로 번역되어 새롭게 소생하면, 과거와 연결되는 전율을 체감한다. 내가 살아보지 않은 옛날에, 누군가는 자신의 눈앞에 펼쳐진 세상을 기록하고자 종이와 붓을 꺼내고 벼루에 먹을 갈아 글을 썼으리라. 쓰는 행위는 아름다운 것을 영원토록 간직하고 싶은 욕망에서 비롯되고, 이에 대한 감지는 옛날의 작가와 지금의 독자를 하나로 끌어안아주는 공감대가 된다. 한자가 새겨둔 마음을 매개로, 어쩌면 우리가 존재했었을 과거를 여기로 소환해낼 수 있는 것이다.

과거와 현재를 잇는 징검다리 위에서, 아주 큰 반가

움과 애틋함을 끌어안고 한자라는 옛 문자를 공부하는 중이다. 마르고 찢겨 얼룩진 글자의 오랜 흔적들이 하필 나에게 닿은 이유가 있을 거라 생각하며 정성을 모아야만, 과거는 기꺼이 문을 열어준다. 오늘의 연구자가 애써 찾아주지 않으면 고서 속 글자는 비밀을 머금은 그대로 그 자리에 언제까지고 놓여 있을 뿐이다. 느리고 어렵지만, 귀 기울이려는 진심 없이는 한 마디도 읽히지 않고 한 문장도 번역할 수 없다.

끝모르고 길게 이어진 연결과 뜻밖의 확장을 해나가는 공부의 기쁨이 매일 나를 한자 앞으로 데려다 앉힌다. 분투의 공부 끝에는, 멀리에서부터 여기로 울려 퍼진 한자들의 아우성이 선명하게 들리는 순간이 반드시 찾아온다. 그렇게 과거와 소통하는 찰나에 놓이면 한꺼번에 시공간은 무색해지고 혼자가 아니라는 감각이 뚜렷해진다. 공부와 연구는 좁은 책상에 앉은 채로 지난한 시간을 버텨내야 하는 외로운 일이지만, 혼잣말이 아니라며 손잡아주는 한자들은 가장 확실하고 따뜻한 위로였다.

이 책에 꺼내어 놓는 그 한자들이 사람들에게도 다정함을 전했으면 좋겠다. 온기 어린 옛글에 기대어 지나온 날들을 끈질기게 기억하는 일은, 우리를 고향으로 데려다줄 것이다.

2023년 1월
최다정

목차

二.

한자 줍는 여행

三.

다정도 병인 양하여

四.

건너야 할 물음표

一.

글을 통해 벗이 된 옛사람

-
연구자가 나아갈 행방의 단서는
낡은 조각 하나를 窮究(궁구)히 애정하는 마음에 있을 것이다.

依 　의지할 의
　　　: 추위를 피하기 위해 옷에 기댐

기댈꽃

어쩔 수 없이 감내해야만 하는 어려운 마음을 끌어안고
서라도, 오래 살아보고 싶게 만드는 아름다움들이 있다.
어디에도 발설하지 않고 혼자서 아껴주고 예뻐해줄 무
언가를, 어떤 시절에도 주머니 속에 넣어두었다. 보드랍
고 따뜻한 씨앗 같은 것이 그곳에 있다는 생생한 느낌에
기대어 하루를 살아낼 수 있었다. 씨앗의 종류는 시절마
다 바뀌었다. 아주 작은 콩알일 때도 있었고, 두꺼운 책의
배경인 넓은 세상일 때도 있었다. 더듬거리던 손길이 씨
앗에 닿으면 마음이 환해졌다. 추운 날 두꺼운 옷의 폭신
함 속에 파묻혀 걸을 때 어쩐지 든든한 기분이 되는 것처
럼, 의지할 씨앗 한 알만 있어도 생활은 굴러갔다.
　　주머니에서 씨앗들을 꺼내어 햇볕도 쬐어주고 싹을
틔워 꽃피우고 싶다는 생각이 들었다. 아름다움이 또렷
하게 형체를 갖추는 순간 완전히 다른 사람이 될지도 모
른다는 기대는, 그 자체로 오랜 시간 '기댈꽃'이었다. 손으
로 만진 꽃이 앞으로의 나를 지켜줄지도 모른다, 우리를

꽃밭으로 데려다줄지도 모른다.

秉彝

잡을 **병**, 떳떳할 **이**
: 자신의 타고난 떳떳한 본성을 지킴

떳떳한 본성 지키기

매일 나와 으르렁대며 살던 때가 있었다. 지금도 미성숙하지만 돌이켜보면 그때의 *心身*심신은 훨씬 더 약하고 어렸다. 마주한 세상과 싸울 태세로 하루하루 눈을 떴고, 그 사실이 서러워 자취방이 떠나가도록 목청껏 울었다. 사람들은 눈물을 닦으라며 따뜻한 걸 건네주었지만, 그 *多情*다정을 온전히 받아들이지 못했다. 소중하고 예쁜 것들을 눈과 마음에 담을 여유가 없었다.

대학 졸업 후 입사한 첫 직장을 그만두고 나니, 이 세계와 여기에서 살아가야 하는 '나'라는 존재의 정체가 당황스럽도록 생경하게 다가왔다. 어느 날엔 지하철을 타고 가다가 불쑥 내려 엄마에게 전화를 걸었고, 다짜고짜 엉엉 울며 어디로 가야 할지 모르겠다고 말했다. 쳐다보는 사람들의 시선 같은 건 안중에도 없었다. 나는 정말로 어느 역에 내려 어디로 가서 무얼 해야 할지 몰라 막막했다. 그때는 엄마뿐 아니라 나를 사랑하는 많은 이들에게 마음을 빚졌고, 그러면서도 그들에게 기대고 있다는 사실조차 인지하지 못했다. 세상과 어울려 조화롭게 살아가지 못하는 스스로를 미워하는 일에 집중하느라, 어리석게도 나는 혼자라고 생각했다.

어떻게든 혼자 힘으로 하루빨리 번듯한 사회인의 생활을 꾸려야 할 것 같았다. 그래서 여러 직장, 다양한 직업에 몸을 던져봤다. 그러다 보면 나랑 꼭 맞는 자리를 찾게 될 것이라 믿었다. 매번 갖은 힘을 다 소모했지만, 어느 자리에 앉아도 나와 어울리지 않는 옷을 입고 있는 듯한 불편함을 느꼈다. 이십 대는 통째로 '실험의 시간'이었다고도 할 수 있다. 실험은 여러 차례 실패로 끝났다. 당시엔 내가 부적응자 같다고 자책했다.

이 공부를 시작하기 전의 나는 아슬아슬했다. 그렇다고 해서 이십 대의 긴 터널을 '우울', '취준생', '가난' 같은 보편적 단어로 한꺼번에 치환해버릴 수는 없다. 하루하루 숨이 꼴딱 넘어갈 듯 울면서 살아냈던 그 실험적 과정을 거치며, 내가 무엇을 힘들어하고 싫어하는 사람인

秉
彝

지 온몸으로 부딪쳐 깨달았다. 있는 그대로의 내 모습과 화해하며 살아가는 방법, 나의 本性본성을 지키는 방법을 익히기 위해, 꼭 겪어내야만 하는 시간이었다.

'學問학문'이 무엇인지 처음으로 알게 됐던 학부 시절부터, 미래의 내 발걸음은 공부하는 삶을 향해 수렴할 것이라 어렴풋하게나마 꿈꿨다. 이곳 너머의 세계를 탐구해, 그 자극제로 말미암아 내면에 발생하는 움직임을 성찰하는 공부의 생활을 오랫동안 동경한 것이다. 그러나 세상 모든 건 연결되어 있으니, 우선 돈을 벌고 경제적 자유를 얻고 나서 대학원에 입학해도 늦지 않을 것이라고, 사회 경험도 공부에 어떻게든 밑거름이 되리라고 여겼다.

당장 하고 싶은 공부를 해야겠다고 마음을 돌린 계기는 혼자 떠난 여행에서 비롯됐다. 여러 나라를 목적 없이 떠돌면서 때때로 숨 막히게 아름다운 자연의 찰나들 안에 우연히 놓였다. 그런 경이로운 장면 앞에서는 生생의 '裏面이면'을 떠올리게 되고, 그 순간 동안은 내가 어디로 가서 무엇을 하며 살아야 할지 반짝, 보이기도 했다. 국문학 중에도 고전문학을 중심으로 공부한 학부 시절, 옛사람들이 읽었던 經書경서와 그들이 창작한 고전을 이해하는 일은, 뿌리 깊은 나의 본성을 발견해나가는 일과도 같다는 말을 흔히 접했었다. 그 말이 마음속에 오랫동안 각인되어 있었다. 독일 뮌헨 공원에 앉아 해 질 녘 노을을 관찰하고, 헝가리 부다페스트 호텔 창문 너머 달그림자를 만나며, 일본 오타루 운하 통통배에 올라타 쏟아지는 별을 헤아리는 사이, 가라앉아 때를 기다리고 있던 本性본성이 수면 위로 떠올라 서서히 선명해졌다. 옛날부터 세상에 존재했을 아름다움, 그 세상에 살았던 옛사람들이 남긴 글을 해독해 지금 우리가 사는 세상에 전하는 일을 해야겠다는 기특한 생각을 해내고 다짐이 굳건해지기까지, 먼 길을 헤매고 다녔다.

옛 학자들은 본성의 속성을 '떳떳함'과 '항상함'으로 설명했다. 태어날 때부터 지니고 세상에 나온 떳떳한 자

秉
彝

신의 본성을 항상 지키며 살아야 한다고 말한다. 어쩌면 기나긴 방황의 시간 동안에 나는 본성을 끈질기게 붙잡고 있느라 세상과 부조화했는지도 모른다. 나다움을 지키면서 세상과 조화롭게 살아가는 방법을 찾기 위해 여기저기 비포장길들을 돌고 돌아 결국 지금에 이르렀다.

欲
罷
不
能

하고자 할 **욕**, 그만둘 **파**, 아닐 **불**, 능할 **능**
: 공부를 멈추고자 해도 그만둘 수 없는 단계

최후의 세계

어떤 세계든 사람들이 모인 곳에는 사랑이 있고 오해가
있다. 반대편에 서 있는 마음을 동시에 끌어안고 살아야
하는 긴장된 순간들도 있다. 예상보다 훨씬 더 오래전부
터, 사는 건 이미 모순적으로 흘러왔을 것이다. 어긋남을
알아채게 되는 불편한 순간에 대한 대처는 대체로 도망
이었다. 한 공간, 한 사람에 오래 머무르지 못하고 도망쳐
야 살아낼 수 있었던 삶은 아슬아슬했지만 쉴 틈 없이 희
망적이기도 했다. 빨간불과 초록불이 동시에 켜지면, 나
는 믿었던 세계를 버리고 경험해보지 못한 세계로의 도
망을 꿈꿨다.

　도망을 치고 나면 더 멀리 도망치고 싶었는데, 이런
도망들의 끝에는 최후의 도망, 그러니까 곧 도망이 없는
세계가 있을 거라 생각했다. 환불받을 수 없는 세계, 사직
서를 쓸 수 없는 세계, 더 이상 도망 다닐 수 없는 세계에
들어가게 되는 날도 올 거라 예상했다.

欲
罷
不
能

공부를 그만두고자 하여도 그만둘 수 없게 되어 자신의
재주를 다하는 데에 이르다.

　　　　　　　　　　　　―『논어(論語)』,「옹야(雍也)」

최후의 세계는, 모순을 보고 듣고 만지더라도 눈을 더 부
릅뜨고 귀를 쫑긋 세우며 따뜻하게 손을 꽉 잡아줘야 하
는 세계이다. 최후의 세계에서 내게 주어진 숙제는 아름
답도록 슬프고, 슬프도록 아름다워서 모순적이고 이상
한 것들을 끈질기게 설명해보는 것, 그것뿐이다. 이상한
것들을 피하지 않는 것이 규칙인 세계, 빨간불과 초록불
이 동시에 켜져도 길을 건너야 하는, 그런 세계이다.

尚
友

위로 올라갈 **상**, 벗 **우**
: 시간을 거슬러 올라가 옛사람과 벗함

글을 통해 벗이 된 옛사람

옛사람이 남긴 암호 같은 漢文한문 자료를 해독하는 기쁨은, 서로 다른 시공간의 마음이 글을 사이에 두고 만나는 交感교감에 있다. 두 마음 빛이 번져 손잡으면, 오래전 이 세상에 살았던 작가는 여기의 독자가 던지는 질문에 답을 들려준다. 수백 수천 년을 머금은 古書고서 속 진심에 치열하게 귀 기울이는 독자에게, 작가는 수다쟁이가 되어 말을 걸어온다. 시간을 넘나드는 대화에 몰입하는 순간, 무릅써야 하는 장애물들은 잊히고 한문 공부의 즐거움만 남는다. 몇 겹의 우연과 운명이 쌓여 드디어 통하게 된 옛사람과는 이렇게 순식간에 벗이 된다. 이것이 곧 孟子맹자가 '글을 통해 시간을 거슬러 올라가 옛사람과 벗 삼는다'라는 의미로 제자 萬章만장에게 말한 '尚友상우'이다.

천하의 훌륭한 선비와 벗하는 것에 만족하지 못해 위로 거슬러 올라가 옛사람을 논하니, 옛사람의 시(詩)를 외우

尙
友

고 글을 읽으면 그 사람에 대해 알 수 있게 된다. 이 때문
에 그들이 살았던 시대에 행한 자취를 논하는 것이니, 이
는 위로 올라가서 옛사람을 벗 삼는 것이다.

—『맹자(孟子)』,「만장(萬章)」

다른 시대에 다른 공간을 살아가며 지금과 다른 문자로
적어둔 글을 더듬더듬 읽어 내려가는 사이, 작가와 나는
점차 끈끈한 우정을 쌓아 간다. 책상에 앉아 옛글을 천천
히 해독하는 동안 먼 옛날 사람이 지금의 사람보다 더 가
깝게 느껴지기도 한다. 나는 당대의 누구보다도 그의 글
과 本性본성을 이해하는 벗이 되고, 그는 자신이 걸었던
길을 걷는 나를 응원하는 벗이 되는 것이다. 이처럼 글을
매개로 아무리 먼 곳의 문인학자와도 함께 다정할 수 있
었다. 상우들 덕분에 독백 같던 한문 공부가 이렇게 멀리,
이렇게 가깝게, 따뜻해졌다.

남산 아래 살았던 어떤 사람은 말이 어눌했고 성격이 졸
렬했으며 게을러서 세상일에 어둡고 바둑이나 장기는 더
욱 알지 못했다. 남들이 욕해도 변명하지 않고 칭찬을 받
아도 자랑하지 않았으며, 오직 책 보는 것만을 즐거움으
로 삼아서 춥고 덥고 배고픈 것에도 무감각했다.

　어렸을 때부터 스물한 살이 되기까지 하루도 고서
(古書)를 손에서 놓지 않았다. 그의 방은 매우 작았지만
동쪽·남쪽·서쪽으로 창문이 있었는데, 해를 따라 밝은
자리로 옮겨가며 책을 보았다. 처음 발견한 책을 보면 기
뻐서 웃었기에, 식구들은 그 웃음소리를 들으면 그가 좋
은 책을 구했다는 것을 알았다.

　두보(杜甫)의 오언율시(五言律詩)를 좋아해서 마치
앓는 사람처럼 웅얼거렸고, 깊이 생각에 빠졌다가 심오
한 뜻을 깨달으면 기쁨에 벌떡 일어나 왔다 갔다 걸어 다
녔다. 그 소리는 마치 까마귀가 우는 소리와도 같았다. 아
무 기척도 없이 눈을 크게 뜨더니 먼 곳을 응시하기도 하

고 꿈꾸는 사람처럼 혼자 중얼거리기도 하니, 사람들은
그를 두고 '책만 보는 바보'라는 뜻의 '간서치(看書痴)'라
고 하였다.

　　　　　　　—이덕무(李德懋),「간서치전(看書痴傳)」

용기 내 손 뻗기만 하면, 반갑게 맞잡아줄 벗들이 곳곳에
서 손 내밀고 있다. 古典고전 연구자의 보람은, 아직 세상
에 한 번도 소개된 적 없는 누군가의 먼지 쌓인 글을 처음
발견하는 때일 것이다. 박물관에 전시된 채로, 책꽂이에
서 먼지의 무게를 견디며, 손 닿을 연구자를 기다리는 벗
들을 떠올리면 씩씩해지는 기분이다.

　　정원 가득한 붉은 꽃들 향기로움 앞다투며,
　　남은 봄 즐기라며 사랑채로 이끄네.
　　가지 비틀어 꺾다가 손 찔려 다쳐도 애석하지 않고,
　　고운 꽃 따느라 손에 달라붙은 향기 어여쁘기만 하구나.

바람 앞에 또렷이 나부끼는 모습 운치 있고,

흩어져 가는 곳은 어슴푸레 가늘고 길게 이어지네.

꽃 따는 것 멈추고 난간에 기대 춤추는 나비 부르니,

어지러이 날아와 옷자락을 에워싸리.

　　　—완안괴륜(完顔魁倫), 「농화향만의(弄花香滿衣)」

多情多感다정다감한 시선으로 섬세하게 옛글을 보듬는
동안 벗들은 아름다운 글자와 문장을 선물해주었다. 자
신의 글을 알아봐준 먼 훗날의 후배 학자에게, 선배 학자
가 보내는 위로이자 격려였을 것이다. 지금은 만날 수 없
는 옛날 사람들이 남긴 고전 공부를, 포기하지 않고 오래
해올 수 있었던 이유이다.

出
處
不
明

날 **출**, 곳 **처**, 아닐 **불**, 밝을 **명**
: 사물이 세상에 나온 근거가 명확하지 않음

나뭇잎 책갈피

300년 전 청나라에서 출간된 古書고서를 뒤적이다가 마른 나뭇잎을 발견했다. 앞선 손길들에 의해서도 出處不明출처불명의 나뭇잎 책갈피는 고스란히 다뤄졌으리라. 출처에서 해방되어 존재하고 있는 사물, 어디에서 나왔다고 말해도 틀리지 않는 열린 사물. 그런 것을 마주하면 연구자의 기분으로 상기된다. 기원을 모르는 채로 경계에 놓인 존재가 발동하는 동경심은 공부를 추진하는 활력소다. 연구자가 나아갈 행방의 단서는 낡은 조각 하나를 窮究궁구히 애정하는 마음에 있을 것이다. 뿌리를 모르는 나뭇잎 책갈피 사진을 부적처럼 지니고 다닌다.

時節

때 시, 마디 절
: 시간의 마디

시간의 마디

공부하면서 어떤 전환점에 놓여 있다는 느낌이 들 때가 있다. 이 시절에서 다른 시절로 넘어가려는 무렵이다. 읽고 쓴 글과 맺은 인연에 따라 한 토막의 시절은 다른 무늬로 새겨진다. 시절마다 시간이 그리는 무늬를 확대해서 촘촘히 읽어내고 정리해 기록하는 일이 연구자의 삶 전부다. 그런 시간의 마디들로 인생이 가득 채워질 수 있다면 미끄러져 흐르는 세월을 덜 두려워할 수도 있을 것 같았다. 아무것도 모르던 학부 시절부터 학문의 세계를 동경하게 된 이유다. 하나의 학문에 생을 내던지는 학자의 길에 매료된 그 순간이, 나에게는 새로운 시간의 마디를 여는 문이 되었다.

그때 열고 들어온 공부의 길 위에서도 벌써 여러 시절이 지났다. 견디고 이겨내야 하는 현실적 문제들만으로 채워진 시절도 있었다. 그럴 땐 '지금'도 그저 끝이 있는 시간(時) 마디(節)일 뿐이라는 사실을 떠올리면서 계속 나아갈 기운을 냈다. 문을 여닫은 시절들이 쌓여 지금

까지도 공부를 하고 있다. 세상의 수많은 연구자 중 하필
나에게 와서 닿은 옛글, 과거를 번역하는 사이 친구가 된
옛 문인, 공부하면서 써온 연구 수첩과 일기장, 공부방에
쌓아 올린 책 탑. 이 애정 어린 사람들과 글자들이 나를
매번 단단히 붙잡아준다. 앞으로의 시절은 또 다른 공부
인연이 만들어 낼 예측 불가능한 무늬로 채워질 거라 생
각하면 용감과 탐험심이 솟는다.

束手無策

묶을 **속**, 손 **수**, 없을 **무**, 꾀 **책**
: 손을 묶인 듯 꼼짝없이 아무것도 못 하는 상황

운명적 조우

한자리에서 너무 오래 기다려 침묵하게 된 빈칸들이 있다. 폭우 속에 기다리던 의자의 다리가 잠기고 나면 잠깐, 빈 네모가 떠오른다. 미련해지기로 작정한 존재의 마지막 모습. 의자는 떠내려가지 않고 끝까지, 그 자리의 기억을 가라앉히기로 했다. 완전히 침잠하고 나면 아무 일도 없었던 것이 될 테다. 여기에 앉았던 기억들은 무참히 사라져버렸다고 세계는 손쉽게 믿어버릴 것이다. 보이지 않는 자리에 뿌리내려온 오래된 힘은 침묵이 된 기억들을 꽉 붙잡고 버틴다. 옴짝달싹 못 하는 미련함으로 지키고 이어온 기억들은 운명적 연구자의 손에 건져 올려지길 기다린다. 공부의 길에 속수무책으로 묶여버렸다고 한탄하던 어떤 연구자는, 손에 잡혀 올라온 낡은 기억을 햇볕에 말린다. 기억은 다시 여기에서 빈칸으로 되살아난다. 빈칸으로 떠오른 자리의 기록을 번역해내는 건 최초 발견자 몫이다. 연구자는 이 길에 더 단단히 손이 묶여 꼼짝할 수가 없다.

繪事後素

그림 회, 일 사, 뒤 후, 흴 소
: 그림 그리는 일은 흰 바탕이 마련된 이후에 함

두꺼운 스케치북

친구들과 모인 자리에서, 십 년 뒤 자신이 어떤 모습이었으면 좋겠는지 이야기를 나눈 적이 있다. 잠깐의 고민도 없이 답이 떠올랐다.

'지금 하는 공부를 그때도 계속하고 있었으면 좋겠다.'

어떤 학문 분야도 마찬가지겠지만 한문 공부는 긴 호흡이 필요하다. 조선시대 양반 자제는 나면서부터 한자를 배웠다. 四書五經사서오경을 통해 한문 文理문리를 익히는 시간을 성실하게 통과해야만, 비로소 자신의 글을 짓는 힘을 갖게 됐다. 아무리 뛰어난 글을 남긴 조선의 문인과 학자도 그런 지난한 과정을 거쳤다. 그들 사유의 바탕은 이처럼 經書경서를 통해 형성됐다. 옛글을 제대로 해독해내려면 그들이 사유한 방식대로 생각하는 법을 훈련해야 한다. 지금 한문을 공부하는 우리가 사서오경을 닳도록 읽는 이유다. 휘황한 그림을 그리는 일은 흰 바탕이 마련된 이후에야 할 수 있는 것이다.

지금의 나도 흰 바탕을 닦는 단계에 놓여 있다. 한문 번역에는 잔꾀가 통하지 않는다. 공부에 쏟은 시간과 노력만큼, 독해의 능력이 달라진다. 아직 아무도 손대지 않은 희귀 자료를 발굴하더라도 한자로 쓰인 글을 정확히 해석할 수 있어야만, 다음 단계로 연구를 확장할 수 있다. 고운 빛깔을 지닌 세상의 수많은 존재를 원하는 색과 모양으로 형상화해내려면, 그전에 우선 깨끗한 종이로 엮은 반듯한 스케치북을 갖고 있어야 하는 것처럼.

십 년, 아니 그보다 더 오랜 시간이 흐른 뒤에도 이 공부를 하고 있었으면 좋겠고, 더 자유롭게 좋아하는 자료를 읽어낼 수 있는 사람이 되어 있었으면 좋겠다. 스케치북이 두꺼우면 그림 그리는 이는 든든한 마음일 것이다. 지금 공부를 게을리하지 않아야만, 남은 생 동안 그리고 싶은 그림을 한껏 그릴 수 있다.

潛
心

땅속을 흐를 잠, 마음 심
: 배운 것이 무젖을* 때까지 가라앉은 그대로
오래 지켜보는 마음

글자에 무젖는 마음

한 글자 안으로 뛰어 들어가면, 구석구석 관찰하며 한참을 헤엄친다. 사전에 글자를 입력해 나열된 의미들을 찬찬히 읽어 내려간다. 세 번째 뜻이 제일 예쁘네, 다섯 번째 뜻은 반대편에 서 있구나, 조선의 시문집을 펼친다. 어떤 시인은 별 아래서 이 글자를 떠올렸네, 또 다른 문인은 이 글자에 사랑을 감춰뒀구나, 글자 안에서 오래 수영한다. 수백 수천 년 세월 동안 글 쓰는 이들이 아껴온 글자, 그 안에는 도대체 몇 겹의 사연과 몇 劫겁의 인연이 깃들어 있는 걸까. 가늠할 수 없는 아득한 시간 앞에 마음이 울렁거려 번역을 멈춘다. 글자에 푹 잠긴 채로, 가라앉은 그대로, 고요히 무젖도록 글자와 마주 본다.

*무젖다: 물에 젖다, 환경이나 상황이 몸에 배다

窓門

창 창, 문 문
: 바깥을 내다볼 수 있도록 벽에 만들어놓은 작은 문

제일 아끼는 건 창밖에

움직이는 창문

달리는 버스 안에 앉아서 창문 밖으로 바뀌는 장면을 응시하고 있으면 잠시, 다른 차원의 세계에 와 있는 것 같은 착각에 빠진다. 그 느낌을 최대한 확실하게 느끼고 싶어서 멀리, 더 멀리, 떠나고 싶은 것인지도 모르겠다. 자유로운 사람이라는 감각을 놓치지 않으려면, 여기가 아닌 다른 곳에서도 얼마든지 내가 존재할 수 있다는 가능성을 곁에 두어야만 한다. 창문의 이미지는 물리적으로 공간을 옮기지 않고도 여기에서 해야 할 일을 해내며 살 수 있도록, 기댈 곳이 되어준다. 여기에서의 삶에 발을 붙이고 견디며 살아가기 위해 나에겐 창문이 여러 개 필요했다.

창문에 대한 애착은 대중교통에 올라타면 즉각 발동하는데, 마음에 드는 창가 자리를 찾아 앉는 것만으로 기분이 한결 환기된다. 석사학위 논문의 상당 분량은 달리는 버스의 맨 앞 오른쪽 자리, 사방이 창문인 그 자리에서 쓰였다. 생활하고 공부하고 일하는 공간에서 매일 보는 장면과 사람들이 힘겹게 느껴지던 시절이었다. 그 익숙한 불안의 무게에서 벗어나야만 진정 내가 지금 하고 싶은 말을 끌어내 글로 쓸 수 있을 것 같았다. 그러나 먼 곳으로 떠날 당장의 시간과 경제적 여유가 없던 때였다. 마감이 다가오던 어느 날 급한 마음에, 도로를 달리는 버스 안에서 노트북을 꺼냈고 글의 막힌 부분을 펼쳤다. 그런데 신기하게도 책상에서보다 훨씬 더 글이 잘 써졌다. 조그마한 핑곗거리라도 만들어 자꾸자꾸 버스를 탔다. 창문이 달린 움직이는 버스가, 그 자체로 그때의 나에겐 창문이었던 것도 같다.

바깥에선 쏟아지고 축축하고 넘어지며 한계선을 넘나드는 중대한 혹은 멋진 일들이 벌어져도, 안에 있는 나는 그저 구경만 할 수밖에 없을 뿐이다. 도무지 내가 손쓸 거를 없이, 어쩔 수 없이, 그렇게 되고야 마는 것들. 버스에 타 있는 방관자는 슬픈 혹은 설레는 표정으로 창밖을 보다가 고개를 한 번 흔들어버리며 책임감과 죄책감의 무게를 떨쳐내고, 해방감만 느끼는 잠깐의 가벼운 사람이 된다. 사건이 진행되는 현장에서 逸脫일탈한 그 시간이, 주소가 없는 공간이, 내가 하고 싶은 말과 쓰고 싶은 글을 순식간에 쏟아 내뱉을 수 있도록 나를 격려했다.

여기가 자주 싫어지고, 싫어졌던 횟수와 크기에 맞먹을 만큼 또 어떤 때는 여기에서 사는 것이 사무치게 좋기도 하다. 도망쳐버리고 싶다는 생각을 했었단 사실이 무색하게 나라는 사람, 둘러싼 사람들, 벌어지는 상황들이 모두 다 애틋해지는 순간이 있는 것이다. 애틋함은, 창 너머로부터 촉발됐다. 한 겹 물러나 있는 풍경, 그곳에서 걷고 말하고 울고 웃는 사람들, 일렁이는 사물들. 창밖은 여기와 괴리된 채로 저기에서 끊임없이 運動운동하며, 다른 삶의 가능성을 제시하며, 전부가 되어야 할 마음을 알아채게 한다. 공항 가는 버스를 기다리는 사람의 마음, 엄마 손을 잡고 새하얗게 웃는 아이의 마음, 똑같은 교복을 입고 걷는 단짝 친구의 마음, 한 손엔 지팡이 한 손엔 다

窓
門

른 손을 잡은 노인의 마음 같은 것.

멈춰 선 창문

여행으로 도망쳤던 나는, 방 주인의 단정한 낮과 밤을 그려보게 되는 누군가의 집 창문을 보며 어서 집으로 돌아가고 싶다는 생각을 떠올린 적이 있다. 나의 생활도 다시 잘 일궈갈 수 있겠다는 설레는 희망이 솟는 찰나였다. 여행 중에는 가지각색의 창문 장면을 줍는다. 어쩌다 시작한 창문 사진 찍기인데, 계속하다 보니 하나의 습관적 취미가 되어버렸다. 나의 사진첩 폴더 안에는 그런 창문 장면을 찍은 사진이 수두룩하다. 미술관에 걸린 하늘 그림, 꽃무늬 커튼으로 가려진 창문, 낡은 담벼락에 뚫린 작은 구멍. 어떤 모양의 窓창도 누군가에겐 여기에서 門문을 열고 나갈 용기와 동기를 부여할 수 있다. 창 바깥으로 보이는 꽃밭이, 위안과 도망이 간절했을 그날의 누군가에게 구원이 될지도 모르는 것이다.

헝가리 부다페스트에서는 창문이 달린 음반을 산 적이 있다. 길을 걷다 우연히 발견한 음반 가게에 불쑥 들렀다. 무언가를 꼭 사야겠다는 마음으로 가게 문고리를 쥔 것은 아니었다. 인연이 닿는 물건이 있다면 나에게로 오겠지, 하는 얕은 기대 정도를 품고 있었다. 가게 안을 몇 바퀴 찬찬히 훑어보고, 앨범 재킷이 예쁘거나 좋아하는 장르의 음악은 헤드셋으로 들어보기도 했다. 그럼에도 확 당기는 음반을 찾지는 못해서 나가려던 순간 저쪽에서 반짝, 창문이 보였다. 노란 바탕에, 하늘이 보이는 창문을 그려둔 표지의 음반이었다. 음반 뒷면을 보니 모두 헝가리어로 되어 있었다. 당연히 나는 헝가리어를 알아보지 못했다. 그래서 아쉬웠지만 음반을 제자리에 두고 나왔다.

그런데 가게에서 멀어질수록 노란 바탕의 하늘색 창문 그림이 자꾸만 아른거렸다. 운명적 노래들을 만날 기

회를 눈앞에서 놓치는 중인 것만 같았다. 후회가 더 깊어
지기 전에 가게로 다시 돌아가 결국 그 음반을 샀다. 헝가
리 전통음악을 연주하고 부르는 그 그룹의 신비로운 리
듬과 암호 같은 가사를 CD 플레이어로 재생시키면, 그
시간 동안은 그들과 함께 창문 밖 미지의 시간을 날아다
닌다. 멈춰 선 창문도 나를 일으켜 세워 움직이게 만든다.

열리는 창문

공부를 좋아하는 것도 맞지만, 그보다 좀 더 좋아하는 건
사실 '공부가 펼쳐지는 장면'이다. 모니터에 띄워둔 '빈
문서', 독서대에 펼쳐둔 책, 곁에 쌓아 올린 책 탑과 널브
러진 종이들, 벽에 붙인 메모장들, 그 너머 실시간으로 색
깔이 변하는 하늘을 담는 중인 유리창. 그 모든 네모들을
멀찍이서 한꺼번에 바라보고 있으면, 다 열릴 준비를 하
고 기다리는 저마다의 창문 같다.

대학원에 입학해 처음 짐을 풀었던 기숙사 3층 방에는, 창밖에 벚꽃 나무가 있었다. 낯선 세계에 발을 들여놓아 어리둥절하던 몸과 마음이 벚나무를 보고 듣고 맡으며 한결 차분해졌다. 나무가 있는 창 앞에 책상을 옮겨두었다. 다가올 날들 동안 벚나무 창문 앞 책상 장면의 겹들이 쌓일 생각에 마음이 부풀었다. 공부가 벌어지는 그 창문을 보면서 나를 지켜줄 이 창문 한 장면을 보기 위해 얼마나 오랜 시간 기다리고 분투했는지, 자꾸만 기억해내려 애썼다.

밤이 되면 아무도 없는 연구실 깊숙한 곳으로 파고들어가 스탠드를 켰다. 낮의 시끄러움이 소멸한 연구실에는 새로운 시간이 열렸다. 별과 바람, 풀벌레 소리, 향냄새, 글자들에 서려 있는 오래된 진심. 낮 동안 숨죽이고 있던 귀한 것들이 선명해지는 시간이었다. 발견한 아름다움은 창밖에 두었다. 아무도 더럽히지 못하도록, 끝까지 지켜낼 수 있도록, 제일 아끼는 건 안전한 창밖에 두고 지켜만 봤다. 창문이 있어서, 창밖에 아름다운 장면을 걸어 두어서, 아름다움이 그곳에 있다는 걸 기억해내기만 하면 언제든 내다볼 수 있어서, 공부도 나도 포기하지 않을 수 있었다.

창문은 쉽게 열리지 않는다. 온몸이 뻐근해질 때까지 끈질기게 앉아서 이상한 말을 수도 없이 뱉어낸 뒤에야, 이상한 밤을 수도 없이 허탕 친 뒤에야, 겨우겨우 창문은 조금씩 열린다. 땀 뻘뻘 흘리며 단어 하나를 고르는 시간 동안, 문장 한 줄에 마침표를 찍는 전전긍긍의 시간 동안, 창문은 서서히 열리는 중이다. 그 끈질긴 노력의 시절을 견디지 못하고 탈주해버리면, 그때까지 한 노력은 한순간 휘발하고 열리던 창문은 다시 닫힐 것이다. 나의 일기장엔 저마다 제목이 있는데, 어느 시절 일기장의 제목은 〈언젠간 창문이 열리겠지〉였다. 이 책은, 처음으로 열어 보이는 나의 창문 밖 세계이다.

사실, 지금까지 모아 온 아름다움을 꺼내려 마음먹

음과 동시에 또 다른 창문이 생겨나는 중이다. 창문을 만들어 제일 아끼는 장면, 사람, 마음, 글자를 창밖에 숨겨두는 건 아주 어렸을 때부터 생긴 습관 같은 것이다. 숨을 곳이 필요하면 또 창문을 열겠지만, 도망치고 싶어 하는 나를 예전처럼 두서없이 미워하지만은 않기로 했다. 창문이 두 개, 세 개, 계속 생겨나는 사람인 건 엄청난 행운이다.

射不主皮

활 쏠 사, 아닐 불, 주될 주, 가죽 피
: 활쏘기의 목표는 과녁의 가죽을 뚫는 것이 아님

내가 공부하는 이유

"다정아, 그렇게 고생해서 공부하면 뭐가 되긴 하는 거니?"

지인들로부터 종종 이런 얘기를 듣는다. 고단하게 지내는 생활의 끝에 삶을 보장받는 어떤 자리가 마련되어 있긴 하냐는 것이다. 질문의 근간에는 인문학을 業업으로 삼은 사람을 향한 사회·경제적 안정성 측면에서의 염려가 있을 테다. 그것 또한 나를 진심으로 걱정해주는 마음이라는 걸 알기에 매번, 내 꿈은 어느 '자리'에 다다르기 위함이 아니라고 해명한다. 박사과정에 이르기까지 '무언가가 되려는 마음'이 내가 나아갈 방향을 정하는 데에 결정적 영향력을 행사한 적은 없다.

인문학은 시간과 돈, 체력을 소모해 공부한다고 해서 그 결과물이 당장 눈앞에 실체로써 드러나지 않는 학문 분야이다. 특히나 漢文學한문학 연구자는 1차적으로 지금과 다른 '漢字한자'라는 문자로 쓰인 문헌을 해독하는 데에 몇 배의 시간과 노력을 쏟아야 한다. 우선, 한자로 글을 쓴 옛 학자들의 사고체계를 이해해야 하고 그러려면 사서오경을 비롯한 경서 공부가 바탕이 되어야 한다. 한문을 보면 바로 그 문장 구조가 눈에 보이게 되는 단계를 두고 '文理문리가 트였다'고 표현한다. 오랜 시간 공들여 한자와 한문을 익혀 문리가 트이고 나야, 그제야 비로소 다음 단계인 연구의 단계로 나아갈 수 있는 것이다. 가치관이 다른 누군가는, 투자 대비 생산적이지 않은 비효율적 행위라며 힐난할지 모르겠다. 그런데 나는 인문학 공부, 특히 한문 공부가 너무나 어려워서 하루아침에 이루어지지 않는다는 바로 그 점에서 굉장한 매력을 느꼈다.

한 편의 글을 문장과 단어로 쪼개고, 단어를 글자와 획으로 쪼개어, 조각 하나하나와 마주 보고 앉아 이야기를 나누는, 매 순간이 배움과 깨달음으로 채워지는 삶. 나만 알아챈 귀엽고 소소한 발견에서 느끼는 반가움, 그것들끼리의 연결과 그 연결이 주는 감동이, 한문 공부하는 길의 전부라고 생각한다. 아는 것보다 모르는 것이 훨

射
不
主
皮

씬 더 많은 한자와 한문, 밝혀진 것보다 숨어 있는 것이 더 많은 문헌은, 아무리 파헤쳐 공부해도 끝없이 또 새로운 모양의 질문과 답변이 튀어나온다. 생의 끝에 다다랐을 때도 궁금해서 온몸이 간질거릴 것이다. '평생 무료'로 가지고 놀 수 있는 장난감 세계를 알게 된 것만 같다.

공부하고 글 쓰는 내 모습이 좋다. 다양한 직업을 몸소 경험해보고, 여러 나라를 떠돌며 안과 밖을 넘나드는 나를 오래 관찰해보았지만, 한문학의 세상에 빠져들어 있을 때의 내가 제일 마음에 들었다. 공부하는 동안에는 '과거-현재-미래를 아우르며 살아가고 있다'라는 생각에, 허전하고 허무했던 것들이 완전하게 채워지는 기분이었다. 이런 방식으로 살면 나는 '주어진 나의 本性본성'을 잘 데리고 다독이며 살아낼 수 있을 것 같았다.

매일 최선을 다해 활의 시위를 당기는 이유는 언젠가 저 두꺼운 과녁을 뚫고 어딘가 더 멋진 위치로 건너가 오르기 위함이 아니다. 이 길을 걸어보겠다고 마음먹었던 나의 初心초심을 굳건히 데리고 그저 공부할 날들을 가지런히 꾸려갈 뿐이다. 수양하는 마음으로 '오늘의 나'를 단단히 붙잡고, 날마다 생겨나는 질문에 대한 답변을 찾아 성실하게 공부하는 것 말고는 어떤 방식으로 살아야 할지 더 나은 선택지를 모르겠다.

명예를 얻거나 돈을 많이 버는 것에 야망이 없을 뿐, 공부에 대한 열정과 욕심은 넘친다. 무엇에도 얽매이지 않은 자유로운 상태로, 세상 어디든 자유롭게 건너다니며 신비로운 것들을 보고 번역하고 글 쓰며 살고 싶다. 해독해내고 싶은 자료들과 쓰고 싶은 논문을 생각하면 설레서 마음이 부푼다. 할머니가 되어도 여전히, 현실 감각 부족한 채로 좋아하는 것만 쫓아다닌다며 지인들에게 핀잔받는 사람으로 살고 있길 바란다.

東大門 동대문 – 興仁門 홍인문

땅의 기운을 북돋고자

조선 건국과 함께 도읍인 한양의 낙산·인왕산·
남산·북악산 네 산을 따라 성곽을 두르고
四大門사대문을 세웠다. 사대문 명칭의 한자 뜻을
되새겨보면 그 안에 스며 있는 조선 사람들의 사유가
읽힌다. 도성 동쪽의 낙산 아래에 축조한 동대문은
'興仁門흥인문'이다. 청계천이 흐르는 서울의
동쪽은 지대가 낮고 땅이 무르다. 이 때문에 '仁인을
흥기시킨다(興)'라고 풀이되는 이름을 붙여, 풍수적으로
약한 땅의 기운을 북돋고자 했다. 동양철학에서
우주 만물은 木목·火화·土토·金금·水수의 다섯 가지
범주로 나뉜다. 이때 동쪽은 나무이자 仁에 해당하는
방위이다. 위를 향해 곧게 자라 올라가는 나무의
성질이 '흥인'이라는 문 이름에 깃들도록 한 것이다.

二.

한자 줍는 여행

_
어떤 모양의 窓(창)도 누군가에겐
여기에서 門(문)을 열고 나갈 용기와 동기를 부여할 수 있다.

亂極當治

어지러울 **난**, 다할 **극**, 마땅 **당**, 다스릴 **치**

: 혼란함이 극에 달하면 다스려짐이 옴

헝클어진 채로 규칙이 된

전염병의 시대에 피부로 느끼는 제일 큰 변화는 책상에 앉아 보내는 시간이 훨씬 길어졌다는 것이다. 수업, 학회, 회의, 공부 모임 등 대부분의 일정이 온라인상에서 이루어지고 있다. 이에 따라 책상은 확장하고 복잡해졌다. 보조 테이블이 생겼고 책상 옆으로 넉넉한 크기의 책꽂이를 마련했다. 모니터도 둘, 스탠드도 둘이다. 그런 만큼 책상의 상태는 때마다의 생활 面面면면을 더 많이 담아내게 됐다.

해야 할 일이 散積산적한 시기가 되면, 생활이 계획한 대로 흘러가지만은 않는다. 부담스러운 발표를 앞두고 있거나 논문 작성 중에 책상은 혼돈이다. 허탕 치는 수많은 밤들을 지나며 작업의 순서가 뒤바뀌고 종이들은 섞인다. 떠오른 생각을 적어둔 메모지들, 수업 별 교재, 쓰고 있는 논문, 읽고 있는 자료를 비롯한 각종 단행본들이 책상 위에 널브러지거나 쌓여 있다. 어젯밤에 마시다 남은 커피잔, 간식을 먹은 접시, 음료수병, 그것들 아래를 받

치고 있던 각기 다른 모양의 코스터들도 책상 언저리를 뒹군다.

혼란의 상태에서는 한 줄의 글도 쓰지 못한다며 매일 책상 정리를 하던 때도 있었다. 공부하고 글 쓰는 삶이 다다를 수 있는 내밀한 기쁨의 끝까지 닿아본 경험이 모자라서, 주변의 단정함에 더 집착했던 것일지도 모르겠다. 사실 아무리 엉망인 상태도 영원하지는 않다. 끝까지 엉망이 된 후에는 가장 단정한 상태로 되돌아온다. 어지러운 혼란의 상태(亂)와 짝이 되는 것은 단정히 다스려진 상태(治)이다. 治치와 亂란은 순환한다. 책상 장면이 지닌, 나아가 우리의 생활이 지닌 일종의 패턴이자 이치이다. 단정함으로 옷을 갈아입기 직전에 혼란함은 極극에 달한다. 혼란함은 사실 절망보다 희망에 가깝다.

그런데 어느 날 어지러운 책상 장면을 바라보다가, '헝클어진 그대로 규칙이 되었구나' 하는 생각에 이상하게 안심이 되었다. 즐거운 바쁨에 몰입해 여러 날을 지내

亂
極
當
治

다 보면, 헝클어진 책상 위에서 나름의 규칙이 만들어진
다. 治치로 넘어가기 전 亂란의 상태에 놓였을 때의 아슬
아슬한 아름다움을 즐기게 된 것도 같다.

遷之爲貴

옮길 천, 어조사 지, 여길 위, 귀할 귀

: 옮기는 것을 귀하게 여김

주소 없는 집

한 집에서 생활하며 새기는 자국, 층층이 쌓아 올린 시간이 형성하는 분위기, 익숙해진 공간 안에서의 안정감을 갈구하며 이십 대를 보냈다. 스무 살 이후 짧게는 6개월, 길게는 2년마다 이사를 했고 어떤 방에서든 곧 짐을 싸서 떠나야 한다는 초조함과 함께 살았다. 수 없는 밤과 낮 동안 만들어낸 자국들이 나의 전부라고 믿었기에, 이사 때마다 뿌리내린 시간을 온전히 뽑아서 데리고 다닐 궁리를 했다. 꼭 필요한 물건들만 고심 끝에 골라 꾹꾹 눌러 담은 배낭을 메고, 긴 여행에 나서는 기분으로 공간을 건너다녔다. 배낭 하나에 효율적으로 짐을 최대한 구겨넣으려면 나의 생활은 가볍고 기동성이 좋으면서도 당당함을 잃지 않아야 했다.

집에 대한 결핍에 유쾌한 위안을 건네받은 장면을 만난 건, 특별한 짐수레가 놓인 종로의 어느 길가에서였다. 破紙파지를 잔뜩 실은 채 서 있는 짐수레에는 '冊架圖 책가도'가 孤高고고하게 붙어 있었다. 책가도란 책과 책장,

文房四友문방사우를 한 폭 그림에 담은 조선의 民畵민화
이다. 책과 연필의 마음만 흩어지지 않게 품고 있다면 짐
수레가 놓인 모든 찰나는 근사할 것 같았다. 주소가 없는
바퀴 달린 집을 몰고 어떤 풍경을 굴러다녀도 문장이 되
고 글이 되는 낭만적 짐수레를 만난 것이다.

옮겨 다니는 나의 집들에게 '주소 없는 집'이라는 이
름을 붙여주기로 했다. '책가도'를 품고 구르는 짐수레처
럼, 어디든 갈 수 있고 어디서든 아름다울 수 있다고 생각
했기에 주소 없는 생활을 견뎠다. 마음에 드는, 마음에 들
지 않는, 좁은 공간에 바퀴를 멈추어 책상을 놓고 책을 펼
치면 그 자리에서 나는 다시 애써 뿌리내렸다. 나를 살아
가게 하는 것이 마음에 걸린 한 폭 그림이라는 決心결심
은, 주소 있는 넓은 집에 오랫동안 머물렀더라면 선명해
질 수 없었을 것이다.

『古文眞寶고문진보』를 보면, 가난한 시인으로 살다
가 돈을 벌기 위해 억지로 벼슬길에 올라 괴로워하는 秦

少章진소장의 이야기인 「送秦少章序송진소장서」가 실려 있다. 진소장을 향해 張耒장뢰는 '시를 공부했던 시간이 봄·여름의 초목이었다면, 벼슬길에 올라 일하는 지금은 갈대에 서리가 내린 형세와 같다'면서, '봄과 여름을 즐기는 데에 안주하지 않고 가을과 겨울로 옮겨가는 것은 무척 귀한 일'이라는 말을 건넨다. 따뜻했던 시절의 기억에 머물러 있지 않고 차가운 날들 쪽으로 걸어가다 보면, 다시 싹 틔우고 꽃 피우는 행복에 가 닿는다. 詩시 썼던 봄을 절박하게 품은 채로 시 쓰지 못하는 겨울을 건너면, 지난봄과는 또 다른 모양의 아름다움으로 가는 문을 열게 된다. 봄으로 피어오는 동안 둘러싸였던 모든 장면은 시로 태어날 채비를 하며 시인의 마음에 생생한 상태로 켜켜이 걸려 있다. 주소 없는 집에 사는 지금, 글자들은 애틋해지는 중이다.

蟾光

두꺼비 섬, 빛 광
: 두꺼비가 내는 달빛

두꺼비가 사는 달

옛날 사람들은 달 속에 사는 두꺼비가 빛을 만든다고 믿었다. 그래서 두꺼비가 내는 빛이라는 뜻의 '蟾光섬광'은 漢詩한시에서 달을 의미하는 시어로 쓰인다. 두꺼비 '蟾섬' 한 글자로 달을 표현하기도 한다. 달에는 분명 어떤 생명체가 살고 있어서 우리 마음을 비추고 헤아려 먼 곳으로 데려다줄 거라 믿고 싶었던 소망의 투영이다. 지금은 감히 가늠이 어려울 정도로 캄캄하고 고요했을 옛날의 밤, 섬광은 메아리가 되어 사람들을 호위했다.

반사되는 응답이 없는 어둠에 사로잡힌 이에게 빛줄기는 구원이다. 한 평 남짓의 고시원에 살던 시절, 매일 밤 붙잡고 의지할 끄나풀을 찾아 더듬거렸다. 삼각형 모양 허름한 충무로 고시원의 4층 제일 구석 귀퉁이 407호. 밤이 되면 관 속 같았다. 의사의 오판으로 아직 숨이 붙어 있는 나에게서 산소 호흡기를 떼고 관 속에 집어넣어 버린 듯한 착각에 빠질 만큼, 좁고 응달진 방이었다. 한밤중에도 울어대는 서울 매미들은 밤인지 낮인지 분간이

가지 않을 저 땅 아래 관 속처럼, 어두운 혼자의 방에 웅크리고 있다는 감각을 돋웠다. 팔뚝 하나가 겨우 지나다닐 수 있는 A4용지 크기만 한 창문으로는 달빛이 새어 들어오지 못했다.

달이 유난히 淸明청명한 밤에는 옥상에 올라갔고, 우리를 상상했다. 하나가 아닌 둘, 둘이 아닌 셋. 너머에 네가 있겠지, 반대편에 너희가 있겠지. 달빛이 아우르는 중인 마음들을 떠올리며 혼자인 밤을 달랬다. 읽고 쓰다가 고개를 들면 달을 볼 수 있는 큰 창문이 있는 방에 살고 싶었다. 이후로 이사할 방을 고를 때 창문의 크기와 방향은 중요한 선택의 기준이 됐다. 공부하는 방에서 책상의 위치는 어김없이 창문 앞이다.

깨어 있는 긴 밤, 모니터 너머로 두꺼비가 보내온 것일지도 모를 빛과 시간을 공유하면 혼자가 아닌 것 같은 기분이 된다. 그런 밤들엔 눈앞의 까마득한 글자 숲이 환해진다. 누군가 멀찍이서 던져둔 오래된 진심을 한꺼번

蟾
光

에 알아차리게 되는 순간이다. 관 속 같은 방에서도, 큰
창문이 생긴 방에서도, 같은 마음으로 우리를 상상한다.

翻 번역할 **번**
: 새가 날갯짓해 몸을 뒤집음

번역하는 자리

翻譯번역을 할 땐 자리를 옮겨 다니게 된다. 몰입에 안착하기까지 몇 번이나 뒤척이기도 한다. 시간과 돈이 소모되는 번거로운 일이지만, 익숙한 혼자의 아우라에서 벗어나야만 번질 수 있는 글자들이 있다. 바뀐 공간은 생각을 전환하고, 사방에서 넘어지던 漢字한자들은 그제야 실마리를 발견해 제자리를 찾아간다. 生氣생기를 되찾은 사유들을 한데 모아 연결하면 여기저기서 기쁨의 '야호!'가 터져 나온다. 여러 차례의 날갯짓 끝에 한자로 쓰인 글은 비로소 우리말이 된다. 둘러싼 世上萬事세상만사와 얽혀 엎치락뒤치락하는 와중에, 오래된 반짝임들은 여기의 자리에서 끈끈히 생성되는 것이다.

曙
光
·
美
星
·
宇
宙

새벽 서, 빛 광 · 아름다울 미, 별 성 · 집 우, 집 주
: 동틀 무렵의 하늘빛 · 아름다운 별 · 우주

길을 걷다가

길을 걷다 한자로 된 간판이나 비석 같은 것을 발견하면 걸음을 멈추고 유심히 보게 된다. 길에서 주워 담는 글자와 장면들이, 애써 한문 공부의 길을 걸어가는 이에게는 소소한 기쁨이자 뜻밖의 선물처럼 느껴진다.

서광(曙光)

종로 신문로에 있는 단골 카페 가는 골목엔 '曙光서광'이라는 글자를 새긴 큰 비석이 있다. '이른 새벽 동이 틀 무렵의 하늘빛'을 서광이라 일컫는다. 아침형 인간인 나는 꼭두새벽에 눈이 떠지는 덕분에 고운 색으로 물든 새벽하늘과, 종종 샛별이나 아침 달과도 인사하는 행운을 누린다. 창밖의 서광을 내다보는 시간 동안은 어쩐지 희망만 샘솟는다. 사랑하는 시간이 담긴 커다란 글자를 길에서 뜬금없이 만날 때마다 보물을 찾은 기분이다. 카페에 가는 길 서광과 인사한 뒤엔 언제나 조금 더 희망찬 걸음이 된다.

미성(美星)

집 근처 자주 산책하는 길에는 '美星미성' 아파트가 있다. 해가 저물 무렵에 뜬 저녁달을 카메라에 담다가 우연히 찍힌 美星미성을 발견했다. '아름다운 별'이라는 뜻의 아파트 위로 희미하게 달이 떠오르는 장면은 그 자체로 하늘에 걸린 액자가 되었다. 어떤 건물이 자연과 어색하지 않게 조화를 이루는 데에는 건물에 쓰인 이름도 큰 몫을 한다고 생각한다. 옛 목조 건축에 걸린 扁額편액을 유심히 살피고 해석해보면, 건물마다 어울리는 이름을 고심 끝에 지었음을 알 수 있다.

우주(宇宙)

어느 날은 사람들로 빼곡해 분주한 지하철역 주변을 탈출하듯 지나오다가 새삼 휴대전화 통신사 광고판의 '宇宙우주'라는 단어에 반짝, 해가 반사되어 눈에 띄었다. 흐린 날이었고, 구름 뒤로 새어 나온 햇볕이 유리 너머

曙
光
·
美
星
·
宇
宙

'우주'를 비추었다. '우주'를 물리학 백과사전에 입력해
보니 '행성·별·은하계·모든 형태의 물질과 에너지를 포
함한 시공간과 그 내용물 모두를 통틀어 이른다. 전체 우
주의 크기는 아직 알 수 없지만, 현재 관측 가능한 우주의
크기는 지름이 930억 광년으로 추정된다.'라고 쓰여 있
었다. 우리 너머의 우리까지도, 모든 우리를 덮어주고 있
는 우주는 가깝고도 생경하다.

길에서 주워 담은 단어 중 제일 아끼는 세 개를 꺼내 두고
보니 모두 해, 별, 달, 하늘이 담긴 글자다. 인간이 아주 오
래전 자연을 본떠 만든 글자들이 우주 속에 흩어져 반짝
이는 점처럼 존재한다. 길을 걷다가 그중 하나와 마음이
연결되면, 글자를 쪼개어 음미하고 보듬으며 예뻐해준
다. 문자의 세계를 동경하는 나의 애정 표현 방식이다.

平

고를 **평**

: 악기 소리가 공평하게 울려 퍼짐

울려 퍼지다

골목은 서서히 소리로 물드는 중이었다. 처음 들어보는 악기 소리였고 먼 곳으로부터 여기까지 번져 닿은 소리 같았다. 사람들이 가르며 걷는 중인 공기 가득, 소리가 채워졌다. 낮은 음계로 느리게 변주되는 곡조는 잔잔한 호수 위로 바람이 일어 물결을 만들 듯 골목을 흘러 다녔다. 소리가 더 커지는 방향 쪽으로 걸어가기 시작했다.

골목을 가르는 삼거리 중앙에 연주자가 있었다. 솥뚜껑 모양 두 팬을 마주 보게 합친 형상의 악기 표면을 손으로 여기저기 살살 두드렸다. 소리는 악기 안의 空間공간을 한 바퀴 맴돈 후 악기 밖으로 퍼져나갔다. 하나의 音음이 앞서면 다음의 음이 맞물려 겹쳐 뒤따른다. 그렇게 겹겹의 음들이 나지막한 시골 마을의 막다른 골목들에까지 날아갔다. 악기가 만든 최초의 음은 가지각색의 모양으로 지어진 집의 지붕들을 건너다니며 여러 번의 굴절을 거치고, 듣는 이의 귀에 저마다의 음으로 울린다.

악기 소리를 붙잡은 채로 바다가 있는 마을 가장자

平

리로 향했다. 동글동글한 몽돌들이 깔린 해변이었다. 사람들은 앉아서, 누워서, 뛰면서 바다를 즐겼다. 사람들의 웃음, 잔잔한 파도, 몽돌이 부딪는 소리 사이로 마을 중앙으로부터 번져온 악기의 음이 은은히 끼어들며 協奏협주가 이루어졌다. 이 마을 안에서 살아 숨 쉬는 모든 존재가 공평하게 악기 소리에 둘러싸여 있다. 세계에 뱉어진 소리는 존재들 사이의 빈틈을 메우면서 한아름에 모두를 끌어안아 호위하는 것이다.

金剛山記

쇠 금, 굳셀 강, 뫼 산, 기록할 기
: 조선시대 문인들이 금강산을 유람하고 남긴 기행문

금강산 유람기

金剛山금강산에 갔던 적이 있다. 돌이켜보면 꿈만 같다. 군사분계선을 넘는 일은 순식간에 지나갔고, 금세 북한 땅에 닿았다. 그곳이 북한이라는 사실이 잘 믿기지 않아 내내 몽롱했다. 열아홉이었고, 한겨울이었다. 신발에 끼운 아이젠에 의지해 폭설이 막 그친 설산을 올랐다. 열아홉 인생 처음으로 무릎 높이까지 쌓인 눈 속에 발을 풍덩풍덩 빠뜨리며 걷는 게 좋았다. 줄곧 시골에서 자라며 가족들과 멀리 떨어져 낯선 세계를 혼자 걸어본 적도, 그렇게 높은 설산을 타본 적도 당연히 없었다.

핸드폰은 북측 출입국 사무소를 지날 때 제출했기에, 나를 알던 세상과의 연결은 완전히 끊어졌다. 덕분에 그때 더 찬찬히, 자세히 눈에 담았던 모든 풍광이 지금까지도 생생하다. 이렇게나 아름다운 장면이 세상에 존재한다는 사실에 압도당할 만큼 금강산은 무척 아름다웠다. 위태롭게 깎인 암석들의 꼭대기를 올려다보면 아득하고 아찔했다. 꿈이 아님을 깨우치려고 자꾸 바닥에 쌓

인 눈을 손으로 만져보았다. 교과서에서 활자로만 발음
해보던 어떤 세계가, 손으로 만질 수 있는 실재의 공간임
을 온몸의 전율로 실감하는 건 황홀한 일이었다. 되돌아
올 수 없을 순간의 느낌을 기록하고 싶다는 욕구가 솟았
다. 기록이 가능한 도구는, 목에 걸고 간 아빠의 필름 카
메라뿐이었다. 필름을 아껴야 했기에, 정말 마음에 오래
걸어 두고 싶은 장면을 만났을 때만 카메라 셔터를 눌렀
다. 처음 경계 밖으로 뚜벅뚜벅 걸어 나가 생경한 아름다
움에 닿았던, 꿈같은 시간이었으며 시절이었다.

　나의 북한 여행 이후 얼마 지나지 않아 금강산 관광
이 중단됐다. 금강산을 만지고 감각할 일은 앞으로 또 없
을지도 모르겠다 생각하며 살았다. 그러다 공부의 길로
들어서 뜻밖에, 금강산과 다시 만났다. 대학원 입학 후
처음으로 주어진 과제가 조선시대 문인의 금강산 여행
기를 번역하는 것이었다. 한자들로 빼곡한 옛 작가의 글
을 한 글자씩 입력하고 번역하는 사이, 낯익은 명칭들이

종이 위로 윤곽을 드러냈다. 九龍淵구룡연, 金剛門금강문, 觀瀑亭관폭정, 萬物相만물상, 三日浦삼일포…. 각인되어 있던 금강산의 풍경과 그 안을 걸었던 기억이 되살아났다. 조선의 작가 역시도 난생처음 고향 밖으로 벗어난 금강산 여행이었고, 꿈에 그리던 장면을 잊지 않고자 붓을 꺼내 쉼 없이 기록했다. 그 기록 옆에 열아홉 시절 찍었던 사진들을 나란히 꺼내 둔 채, 200년 전 조선 사람이 걸었던 길 위로 10년 전 나의 걸음을 포개어 보았다.

여기에 존재하지 않는 과거를 공부하는 사람으로 살아가는 것이 자주, 버겁기도 하다. 그럼에도 이 길에서 탈주하지 않고 왜 미련하게 옛것을 붙잡고 끙끙대냐 묻는다면, 조선 사람과 200년 시간이 무색하게 도란도란 나누었던 금강산 여행기를 소개하겠다.

天涯知己

하늘 천, 끝 애, 알 지, 자기 기
: 하늘 끝만큼이나 멀리 떨어져 있지만 나의
속마음을 알아주는 벗

하늘 끝에서 쌓아가는 우정

공부하는 삶의 방향으로 이끄는 사건들이 끊이지 않고 벌어진다. 이 길 아닌 길이 떠오르지도 않을 만큼 끈끈하게 여기로 나를 붙잡아두는 글과 그림 그리고 사람……. 발견한 내가 지금 이곳에 글로 옮겨 적어두지 않으면 또 수백 년을 잠자코 숨죽여 있어야 할지도 모르는, 언젠가 이 세상에 존재했던 한 명의 예술가가 있다. 몇백 년 단위로 시간을 逆行역행하고 旅行여행하며 그와 대화를 주고받는다. 대화를 형성하는 열쇠가 되어주는 端緒단서는 그가 남기고 떠난 한 폭의 장면, 한 조각의 글이다.

2018年

청나라에 대한 흥미는, 그 땅에 모인 출처가 다른 사람들의 삶을 향한 관심에서 출발했다. 조선 사람이 조선 밖으로 나가 만났던 청나라 사람들이 궁금했다. 1616년부터 1912년까지 청나라에는 만주족, 몽골족, 한족 등의 다양한 민족들이 공존했다. 저마다의 언어와 민족 정체성을 지닌 이들이, 원주민과 이방인의 경계를 넘나들며 한 땅에 섞여서 살아갔다. '중국' 하면 막연히 '漢族한족의 나라'를 떠올리는 지금의 뭉뚱그려진 관점에서 벗어나니, 하나가 아닌 여러 빛깔과 형태로 이루어졌던 예술가들의 교유 흔적이 드러나 보였다.

　조선 사람들은 청나라에 꾸준히 사신으로 방문했고, 그곳 사람들과 문예를 교류했다. 조선과 청나라는 말이 달랐지만 '漢字한자'라는 문자로 글을 쓰는 한자 문화권에 속했기에, 두 나라 문인학자는 筆談필담을 나눌 수 있었다. 출신 지역이 다른 예술가들이 연결되면 서로의 학문과 예술적 세계도 接觸접촉해 변화하고 넓어졌다. 그들끼리 주고받은 오래된 우정의 자국은 글과 그림으로 지금까지도 존재하고 있다. 두 세계가 뒤엉켜 확장한 현장을 헤집어 관찰하는 일에 매진했고, 現傳현전하는 그 실물들을 발굴하러 다녔다. 2018년 논문 아이디어 노트는

1700~1800년대의 조선과 청나라 사람에게 던지는 질문으로 가득하다.

물음표들 사이를 걷다가, 청나라에 살았던 '博明박명'이라는 몽골족을 만나게 됐다. 몽골족이 세웠던 원나라 황실 보르지긴(Borjigin) 씨의 후손인 박명은, 만주족이 운영한 청나라에서 1721년에 태어나 1789년까지 살았다. 그는 詩시·書서·畵화에 두루 뛰어났고 名筆명필과 博學多識박학다식함으로 이름이 나 있었기에, 조선 사신들이 청에 가서 그를 만나 필담을 나누고 글씨를 받아오는 것이 일종의 관행처럼 여겨지기까지 했다.

그 무렵 청나라에 갔던 조선 사신 누군가로부터 우리나라에 들어왔을 박명의 문집 『西齋集서재집』을 어느 날 도서관에서 발견했다. 이름만 알고 있던 300년 전 몽골족 문인의 문학과 학문 세계를 실물로 감촉하면서, 그와의 대화는 순식간에 生氣생기를 얻었다.

1777年

1777년 봄부터 박명은 鳳凰城^{봉황성} 柵門^{책문}에서 관직 생활을 한다. 책문은 청나라 연경으로 향하는 조선 사신단의 첫 번째 關門^{관문}으로, 사신 가는 인원수나 인적 사항 등을 보고하고 짐을 검사받는 통관 절차가 이루어진 지역이다. 박명은 책문의 세관을 맡게 됐고, 덕분에 조선 사람들과 직접 대면할 기회가 많았다. 이곳에서 지내는 동안 박명은 見聞^{견문}을 통해 얻은 조선의 정치·역사·지리·제도 등에 대한 정보와, 책문을 오고간 조선 사신들과 교류한 일화를 세세히 글로 남겼다. 특히나 「朝鮮詩人^{조선시인}」이라는 제목의 글에는, 조선 시인 48명의 이름·字자·관직·문집 등 약력을 일일이 적어두었다. 이때 정보 미상의 시인에 대해서는 조선으로 직접 편지를 보내 내용 검증을 거쳐 기재했다. 시인으로서의 정체성이 강했던 그는, 먼 땅 조선의 이름난 시인들에게도 애착을 갖고 궁금해한 것이다.

1778年

조선의 시인 朴齊家박제가, 1750~1805는 조선에 있을 때부
터 박명의 명성을 듣고 그를 만나볼 날을 기대하며 시를
써두었다. 1778년 드디어 연경에 가게 된 박제가는 박명
을 만나 문인의 예를 갖춰 교유하길 청하면서, 그 시를 보
여준다.

박명이 수레를 타고 왔을 때 "일찍이 유금(柳琴) 선생이
그대에 대해 우레와 같이 칭찬하는 말을 들은 바 있습니
다. 또한 저는 예전에 시인 왕사진(王士禛)이 사람들을
그리워하며 쓴 7언 절구시를 본뜨며 그대를 생각하는 마음
으로 시를 지어두었습니다. 이를 그대에게 바쳐 선비가
서로 만나보는 예로 삼아도 되겠습니까?"라고 물었다.
박명이 "좋습니다. 한 번 볼 수 있겠습니까?"라고 하여
시를 써서 보여주자, "시의 28자에는 자못 청신한 정취가
담겨 있습니다."라고 답했다. 일행들이 에워싸고 있어서,

자세한 이야기를 나눌 수는 없었으나 그의 용모는 살집이 풍성하고 희었으며, 성품은 침착하고 조용하여 문인이라는 것을 알만하였다.

박제가는 박명의 용모를 본 뒤 '문인의 성품이 느껴진다'라는 감회를 남겼고, 먼 조선에서 자신을 생각하며 쓴 시를 본 박명은 그 시의 맑은 정취에 감격했다.

그런데 당시 대부분의 조선 사대부 문인은 한족이 아닌 몽골족을 소위 '야만인'으로 평가 절하했고, 이런 맥락에서 박명 역시도 동등한 문인으로 인정하지 않는 경우가 많았다. 몽골족이라는 이유로 청나라뿐 아니라 조선 문단에서 배척당했고, 예술 세계가 졸렬하다며 비방의 견해를 드러내는 것이 박명을 인식하는 일반적인 입장이었다. 그럼에도 박제가가 박명과 진지한 자세로 긴밀히 소통한 것은, 출신 지역과 종족 등 '詩시' 바깥의 요소들을 막론하고 오롯이 '시 세계에서의 공감'만을 교유 기준으로 삼았던 것이라 할 수 있다.

2019年

2019년 11월, 서울 국립중앙박물관에서는 조선의 문인
화가 申緯신위, 1769~1845 탄생 250주년 기념 서화전이 열
렸다. 조선을 대표하는 19세기 書畫家서화가 중 한 명인
신위의 작품들을 구경하다가 우연히, '蒙古 博明몽고 박명'
이라는 이름이 눈에 들어왔다. 박명이 그린 것으로 추정
되는 「麻姑獻壽圖마고헌수도」라는 제목의 그림 앞에 멈춰
섰다. 그림 여백에는 박명의 시 두 수가 그의 필체로 적혀
있었다. 시의 주석에서, '1748년 북경을 방문한 조선 사
람에게 그려서 주는 그림'이라는 내용을 확인했다.

박명이 1748년에 조선 사신에게 그려준 그림이, 대
략 100년 뒤 조선에 살았던 인물인 신위에게로 어떻게
흘러 들어간 것일까? 신위의 학문 및 예술 세계는 姜世晃

강세황, 1713~1791으로부터 영향을 받았는데, 박명의 문집
엔 1784년 강세황을 만나 교유한 이야기가 남아 있다. 그
럴듯한 이야기가 완성될 것 같으면서도, 사실상 신위가 직
접 박명에 대해 언급한 다른 기록은 찾지 못했다. 1748년
과 1784년으로 시간 여행을 가보지 않는 이상, 그들이 여
기저기 흘려두고 간 조각들을 모아 꿰매어 보는 수밖에
없다.

1784年

1784년 12월 24일, 박명은 청나라 연경에 있었던 그의
개인 서재 測蠡軒측려헌에서 조선의 문인 겸 화가인 강세
황과 만나 필담을 나누었다. 두 사람은 얼굴을 맞대고 만
나기 이전부터, 조선과 청에서 책과 그림을 통해 서로의
명성을 익히 알고 있던 사이였다. 측려헌 남쪽 창 아래
에서 둘은 벼루에 먹을 갈아 종이에 서로를 향한 반가움

을 한자로 써 내려갔다. 이날 강세황은 그의 書帖서첩인
『金齋弄翰帖금재농한첩』跋文발문을 박명에게 친필로 써
달라고 부탁한다.

한 해가 저물어 가는 무렵 짙은 구름 자욱한 어느 날, 조선
사람들이 방문하여 보배로운 필묵으로 자리를 빛나게 하
였다. 바다에 인접한 조선의 원로 강세황은 예(禮)에 따
라 황제가 베푸는 연회에 참석하고자 청에 왔다. …… 사
관(使館)에서 한가한 날 붓을 잡았는데, 벼루에 스민 먹
의 빛깔 찬란히 반짝였으며 서법은 수려했고 필력이 바위
를 뚫을 듯하였다. 산 속 생활의 아취와 고상함을 사모하는
성정이 나를 기쁘게 하고, 속세의 분주함을 개탄한다고 하
니 그대가 지나온 자취를 알겠다. …… 아득히 떨어진 땅
(天涯)에서 40여 년 동안 명성만 들어오다가 하루아침에
연경에서 직접 조선 사신을 모시게 되었다. …… 1784년
12월 24일 박명이 측려헌(測蠡軒) 남쪽 창 아래에서 쓴다.

天涯천애만큼이나 아득히 멀리 떨어진 청나라에서 시와 그림을 통해서만 알고 있던 조선의 시인이자 화가를 드디어 상봉한 감격을, 박명은 강세황의 서첩 발문에 고스란히 담아 썼다. 박명은 강세황 필법의 수려함을 극찬했다. 또한 속세의 분주함을 멀리하고 산중 생활을 사모하는 강세황의 성정에도 깊은 공감을 표하고 있다.

이후 1785년 1월 3일 강세황은 그가 머물고 있던 곳으로 박명을 초대했고, 둘의 두 번째 만남이 성사됐다. 이날 강세황과 박명은 시를 酬唱수창했는데, 강세황은 이때 주고받은 시를 그의 문집인 『豹菴遺稿표암유고』에 남겨 두었다. 그 시에서 강세황은 박명의 시가 풍기는 '높고 고상한 풍류와 운치(高風雅韵고풍아운)'를 강조하며 '걸출한 시구는 당세의 것이 아닌 듯하다(傑句知非當世有걸구지비당세유)'라고 칭송한다. 시에 드러낸 '먼 곳에서 높은 이름을 바라본 지 오래됐다(遐陬久望盛名流하추구망성명류)', '훌륭한 명성은 옛날부터 익히 듣던 바(華譽慣曾知화예관

^{증지})' 등의 표현을 통해, 조선에서부터 강세황은 박명의
시를 읽고 그 시 세계에 공감해왔음을 알 수 있다.

　이해 겨울, 강세황이 청나라를 방문했던 것은 1785년
1월 6일 燕京^{연경}의 乾淸宮^{건청궁}에서 열린 건륭제 즉위
50주년 기념 연회에 참석하기 위함이었다. 환갑이 넘은
이들만 참석할 수 있는 연회였고, 당시 박명의 나이는 65
세, 강세황은 73세였다. 일평생 문학·서예·그림을 아우
른 예술적 성취를 이루는 과정에서 얼굴도 모르는 채로
서로의 작품을 흠모해왔던 조·청의 두 예술가는, 노년
이 되어서야 비로소 닿아 天涯知己^{천애지기}의 우정을 이
루게 된 것이다.

2020年

공부를 그만두면 어떨까, 하는 생각이 자꾸 들었다. 공부
바깥의 이유에서 비롯된 흔들림이었다. 그 무렵 어느 날,

석사 시절 공부에 대해 달궈진 마음으로 꾹꾹 눌러 썼던 논문 아이디어 노트들을 정리하다가 몽골족 박명을 연구했던 때에 남겨둔 메모를 만났다.

지금 여기에서 살아 움직이는 사람들과의 부딪음보다 숭고한 가치가 과거에 존재하기도 한다. 옛 벗을 만나 그가 남기고 싶었던 말을 진정으로 들어주다 보면 우정이 생기고, 그 과정이 눈물 날 만큼 벅찬 아름다움으로 느껴진다. 예기치 못한 순간에 포착하게 되는 그 숭고함이, 한문 공부의 길을 걷길 멈출 수 없게 북돋아 주는 것 같다. 그런 애틋한 마음을 담은 글들이 모이면 내 삶에 좀 더 밀착해 살아내게 될 것이다.

지난 몇 해 동안, 박명이라는 無名무명의 옛 인물을 알게 되면서 연결된 글·그림·사람들이 있다. 조선으로 흘러든 박명의 문집은 우리나라 도서관에서 소장 중이지만,

天
涯
知
己

언제 누구에 의해 들어온 지 모르는 그 문집을 현대의 연구자들은 세세히 들춰보지 않았다. 박물관에 걸린 그의 그림에 대해서도, 학계는 아무런 말이 없다. 18세기 당시, 오랑캐 몽골족이라는 이유로 청나라와 조선 문단에서 소외되었던 어느 예술가에 얽힌 이야기를 세상 밖으로 꺼내기 위해서라도, 공부를 멈추지 말고 論文논문이라는 장르의 글을 치열하게 써나가야겠다는 일종의 사명감이 솟았다. 하늘 끝만큼이나 멀리 떨어져 있어도, 그의 속마음을 가장 잘 알아주는 유일한 벗이 어쩌면 나일지 모르니 말이다.

博物館

넓을 **박**, 물건 **물**, 객사 **관**
: 역사적 가치를 지닌 유물, 학술 자료를 널리 모아서
  보존 및 전시하는 곳

손잡는 사물들

5세기 가야 금관, 7세기 고구려 불상, 8세기 통일신라 장신구……. 붕괴된 시간과 공간을 기억하면서 현존하는 사물들이 여기 있다. 기억이 서로 다른 사물들은 탄생하던 애초에 전혀 예측하지 못했을 공간에 둘러앉았다. 생뚱맞은 사물들의 종합. 博物박물은 그런 것이다. 그런데 박물관을 걷다 보면 종종, 점 위에 홀로 앉았던 사물이 다른 점 위에 홀로 앉은 사물과 손잡아 연결되는 장면을 포착하게 된다. 다른 시대, 다른 지역에서 발굴된 유물들이 한곳에 모여 있음으로써 제각각의 아우라는 뻗어가고 가로지르며 충충이 겹친다. 사물마다 뽑어낸 예측 불가능성으로 현재의 공간은 膨潤팽윤하고, 관람자는 그 힘에 휩싸인다. 이때 관람자의 감각은, 과거 어떤 지점에 생성된 텍스트로부터 또 다른 지점에 존재하는 텍스트를 떠올리는 擴張확장을 경험한다.

　유리에는 빛에 반사된 나의 형체가 博物박물들과 겹친다. 한 걸음을 옮기면, 먼 시간에서 가까운 시간으로의

혹은 여기에서 저기로의 회귀가 이루어진다. 결국 나도
박물 중에 하나. 박물관은 여러 겹의 내가 교감하는 현장
이다.

旅行

나그네 **여**, 다닐 **행**
: 거주지를 벗어나 객지를 다니는 일

한자 줍는 여행

*

첫발을 디딘 낯선 동네에서도 꽃집을 발견하고 나면 마음이 한꺼번에 녹는다. 전라남도 求禮구례의 가게들은 고요한 시선을 따라 낮게 놓여 있다. 옆집과 나란히 인사하는 동네 사람들은 시간과 공간 그리고 감정까지도, 상상보다 훨씬 더 많은 것들을 나누며 살아갈 것이다. 마스크를 끼지 않은 얼굴로 의자에 앉아 있다가 행인에게 툭, 아침 안부를 건네는 모습을 지켜본다. 내가 사는 곳에서는 오랫동안 보지 못한 장면이다. 편안하고 다정하다. 하늘 가득 걸린 구름들이, 옹기종기 모여 앉은 구례를 덮어 호위하는 듯하다. 걸음이 가는 대로 마음껏 걸어야지. 작은 마을을 걷는 여행에선 휴대전화 지도를 보지 않는다.

골목을 만나면 미로 찾기 하는 기분으로 들어가본다. 입구에선 상상조차 하지 못한 뜻밖의 예쁨들을 골목길에서 만날 것만 같으니까. 유서 깊어 보이는 모텔 앞 두꺼비는 늠름하게 '福복'자를 끌어안고 있다. 구례읍 중앙로 58번길 두꺼비의 임무는 오가는 사람들에게 저마다의 마음속 복을 떠올리게 해주는 일이다. 골목의 끝에는 鳳南亭봉남정이 놓여 있다. 봉황 鳳봉은 어디를 가리키는 걸까, 궁금해서 사전을 찾아보니, 鳳城山봉성산을 말하는 것 같다. 구례군은 여덟 개의 읍면으로 나뉘고, 그중에도 구례읍 안에는 열아홉 개의 마을이 있다고 한다. 봉성산 남쪽에 있어서 鳳南봉남 마을이 된 것일 테다. 구례는 신석기 시대엔 '古臘國고랍국(삼한시대 마한의 54소국 중 하나)'에 속했었다. 신석기 시대로 거슬러 올라가도 이곳은 사람이 모여 살아가는 단란한 마을이었을지 모른다.

역사가 깊은 마을이라 해도 시간을 그대로 머금고 있기란 쉽지 않은 일이다. 구례 읍내는 관광지의 휘황함을 어설프게 덧칠하지 않아 자연스럽다. 읍내 가게에 걸린 간판들, 상설 시장에 진열된 물건들은 조금씩 색이 바랜 채로 있다. 시장을 걷다가, 창가 아래 햇빛이 스며 포장 상자가 연해진 잠옷 바지를 샀다. 집의 일상으로 돌아가

잠옷 바지를 꺼내 입으면 헐렁하고 평온한 구례 읍내 분위기가 떠오르겠지. 시장 골목의 '태양 사진관' 간판은 연두와 청록, 빨강과 분홍 사이 어디쯤의 색이 되어 있다. 이 장면이 오래된 필름 사진 같다고 생각하던 중에, '일회용 필름 카메라 있습니다'라는 문구를 발견했다. 망설임 없이 들어가 노란색 코닥 일회용 필름 카메라를 샀다. 이 카메라로 사진을 찍기 위해 다음 여행을 떠나게 될 것이다.

화엄사에 가는 버스를 타려고 했는데, 충동적으로 정류장에 서 있는 피아골행 버스에 타버렸다. 혼자 떠나온 무계획의 배낭여행에서 어디로 데려다줄지 모르는 버스에 올라타는 이런 순간, 자유롭다고 느낀다. 버스에는 나 빼곤 모두 할머니 할아버지다. 할머니의 뽀글머리와 할아버지의 신사모로 가득 찬 귀여운 장면을 담아두려고 맨 뒷자리에 앉았다. 사방이 초록뿐인 시골길을 굴러가는 버스가 덜컹거릴 때마다 할머니, 할아버지들과 함께 리듬에 맞춰 왼쪽으로, 오른쪽으로 출렁인다.

　　버스가 정차한 구례읍 복지회관은 한자로 간판이 달
려 있다. 건물 이름을 이렇게 한자로 적어두면, 그 의미를
곱씹어보게 된다. '福祉복지'는 마을 구성원의 행복한 삶
을 뜻한다. 저마다의 꽃무늬 옷을 차려입고 읍내에 갔다
산속 집으로 돌아가 밥을 지어 먹고, 날이 밝으면 동물과
식물을 키워내는 삶을 상상해본다. 창 너머로 구경만 하
는 이 세계는 어쩐지 알록달록한 복지를 누리며 사는 사
람들로 가득할 것만 같다.

**

나의 고향은 경상북도 영주시이다. 서울에 와서 인연을
맺은 사람들에게 영주에 대해 알려줄 땐, 꼭 '浮石寺
부석사'를 함께 소개한다. 친구들이 영주에 놀러 와 함께
동네를 둘러볼 때도 어김없이 자랑하는 공간이다. 그러
나 가까이에 당연하게 오랫동안 있어 온 존재에 대해서,
그 眞面目진면목을 알아보아 주는 일이 더 어려운지도 모

른다. 한문 공부를 시작한 이후에야 비로소, 부석사에 있는 건축물과 문화재들이 名物명물이라는 사실을 절감하게 됐다.

山寺산사의 입구부터 天王門천왕문까지 뻗은 산길은 철마다 다른 향과 색을 뿜낸다. 봄이 오면 길 너머 사과밭에 피어난 사과꽃 향으로 코끝이 달고, 가을엔 은행나무에서 떨어진 은행잎이 노란 카펫을 만들어 걸음마다 폭신하다. 천왕문을 지나 '安養樓안양루'에 이를 즈음엔 쌀쌀한 날에도 땀방울이 맺힌다. 그러나 안양루에 올라 그 앞으로 겹겹이 펼쳐진 소백산맥과 태백산맥을 한눈에 담으며 바람을 맞으면 금세 시원함을 느낀다. 조선의 방랑시인 金炳淵김병연, 1807~1863도 이곳에 올라 숨을 골랐다. 소위 김삿갓으로 불리는 시인은 안양루에서 웅장한 산맥을 바라보며, 마치 자신이 작은 오리 한 마리가 되어 우주를 遊泳유영하는 듯하다는 시 구절을 떠올렸다.

안양루 맞은편 無量壽殿무량수전 곁에는 '浮石부석'이

있다. 돌이 땅과 간격을 두게 된 건 아득히 오래전 일이
다. 676년에 사찰이 창건될 당시에도 돌이 이 자리에 있
었다고 한다. 신라-고려-조선을 거쳐 부석사를 다녀간
사람들은 뜬 돌 앞에서 소원을 빌었다. 지금도 부석사에
가면 부석이 형성한 빈 공간에 방문객들이 쌓아 두고 간
조약돌들이 여기저기 무더기 지어 있다.

   뜬 돌 반대편의 삼층석탑을 지나 숲길을 조금 오르
면, 祖師堂조사당이 있고 동쪽 창 앞에 '禪扉花선비화'가
푸릇하게 자라는 중이다. 선비화는 이 절을 창건한 義相
大師의상대사가 처마 밑에 꽂아둔 나무 지팡이가 뿌리를
내리고 잎을 돋운 것이 지금까지 1,300여 년을 살아 있는
것이라고 전한다. 李滉이황, 1501~1570 선생도 살아생전
부석사에 들러 이 선비화를 보았고, 의상의 지팡이가 뿌
리내린 것이라는 스님의 설명을 듣고 그 일화를 시로 적
어두었다.

   물질성을 지닌 사물이 여기에 증거로 존재하는 경우

옛날이야기는 신빙성을 획득한다. 만질 수 있는 전설이 진실화되면 사람들은 대상에 영험함을 부여한다. 그러고 나서는 대상을 향해 염원의 말을 쏟아낸다. 긴 세월 사람들의 간절함을 들어온 사물이 지니는 아우라는 과학적 사실 여부와 무관한 가치를 지닌다.

옛날이야기는 이렇게 命脈명맥을 이어오는 것이다. 부석사와 나 사이에 형성된 이야기도 벌써 삼십 해를 넘는 시간 동안 깎이고 새겨지며 추억되고 있다.

***

사람들은 별을 올려다본다. 7세기 신라시대 국가의 천문 관측 업무를 담당했던 관리는 밤마다 瞻星臺첨성대 안으로 들어갔다. 臺대의 하단부터 원형으로 쌓은 돌은 위로 올라가며 점점 좁아지다가, 우물 井정자 모양으로 꼭대기의 테두리를 둘렀다. 첨성대 안으로 들어간 사람은 고개를 젖혀 별을 헤아렸을 테고, 하늘에서 내려다보면 좁

다란 우물에 사람이 빠져 있는 모양새 같았을 것이다.

　21세기의 별이 총총한 밤, 수 세기 전에는 예상치도 못했던 많은 사람이 지금은 첨성대로 모여든다. 오랜 세월 한자리에서 하늘을 담아낸 첨성대 곁에서 우리는 별과 사람, 시간과 연결, 찰나와 영원 같은 주제를 떠올렸다. 궁금한 것이 많은 아이는 하늘과 첨성대를 번갈아 올려다보더니, 저 안에 들어가면 하늘이 동그라미로 보이느냐고 엄마에게 묻는다. 과거의 이 공간을 덮어주었을 밤하늘 장면은 어땠을지 아이와 엄마는 함께 상상한다. 어느 밤 산보 나와 반짝반짝 불빛을 터뜨리며 첨성대를 찍는 사람들이, 저마다 별 같다고 생각했다. 올려다보고 내려다보는 세계가 온통 별이다.

空中

빌 공, 가운데 중
: 천지(天地) 사이의 공간(空間)

공중의 시간 부자

곧 사라져버릴 瞬間순간의 슬픔 혹은 기쁨에 압도당하는 때가 있다. 일정이 촉박한 짧은 여행에서는 언제나 시간의 속성으로 인한 극단적 감정을 선명하게 느꼈다. 어린 시절 놀이터에서 놀던 표정이 해맑았던 건, 흘러갈 시간의 끝을 염두에 두지 않았기 때문이었을 것이다. 지금 놓여 있는 장면에 다시 놓일 수 없다는 생각은 아주 빠르게 기어코 슬픈 감각을 불러내고야 만다.

그런 兩面양면의 감정을 문장으로 호환해 마주한 건, 여름의 일본 삿포로에서였다. 소복하게 핀 수국이 호위하고 있는 누군가의 집을 카메라에 담다가 문득, 이 아름다운 장면을 여기에 두고 가야 하며 내가 떠난 이후 이 공간에서 벌어질 시간을 알 수 없다는 사실이 새삼 너무 슬펐다. 끝에 대한 촉을 최대한 미룰 수 있는 긴 여정을 떠나보고 싶었다.

시간에 얽매이지 않고 여한 없이 떠도는 배낭여행자에 대한 동경심은, 시골에 살던 학창 시절 책가방에 항상

空
中

여행 관련 책들을 넣어 메고 다닐 때부터 품어온 오래된 꿈이다. 대학원 입학을 계획하고 다니던 직장에 사직서를 쓴 뒤 어느 날의 나는, 그 여행을 떠나야 할 때가 바로 지금이라고 외치며 환불이 안 되는 독일 뮌헨행 왕복 티켓을 결제했다. 비행기의 출발일은 결제한 날로부터 삼 일 뒤였다.

한 달간의 여행을 떠나는 사람이 보편적으로 해야 하는 준비를 꼼꼼하게 하지 못한 채로 허둥지둥 삼 일이 흘러버렸고, 어느새 비행기에 오르는 순간까지도 내가 떠난다는 사실이 실감 나지 않았다. 36,000피트 상공 영하 60도의 공간 속을 날아가는 중이었고, 현실에서 해제된 열한 시간 남짓이 주어졌다.

꼼짝없이 하늘에 몸이 묶여 있다는 부자유를 체감하자, 생각은 자유롭게 훨훨 큰 폭으로 과거와 미래를 넘나들며 확장했다. 시간 부자의 쾌감은, 걸어온 날과 걸어갈 날이 쌓인 머릿속을 낱낱이 펼쳐내 들여다볼 시간이 충분하다는 데에서 온다는 걸 알게 됐다. 수면 위로 떠오르는 생각들이 질펀히 펼쳐지도록 내버려두고 자세히 관찰했다. 이제는 다 지나와 문을 닫은 시절들에 벌어졌던 사건과 맺었던 관계가 남긴 자국이 보였다.

이십 대 중반부터의 나는 누군가와 손을 잡았다 놓는 일, 일자리를 구했다 사직서 내는 일, 이 방에서 저 방으로 이사 다니는 일을, 차분히 돌아볼 겨를 없이 급한 마음으로 해치웠다. 해치운 뒤에 헛헛함이나 죄책감이 밀려들면 나를 미워하면서 견뎠다. 쉽게 저지르고 후회하는 신중하지 못한 어른이 됐다는 사실을 받아들이기 힘들었다. 용감한 것과 저지르는 것은 같지 않다. 용감은 결과에 대한 자기 확신을 토대로 감행하는 것이라면, 저지름은 자신의 과거와 미래에 대한 불신으로 오들오들 떨며 미끄러지는 심정에 기반한다. 수수료를 조금 물고 환불받을 수 있는 기차표처럼, 부대낌을 감수하기만 하면 언제라도 관계를 정리할 수 있는 야멸찬 어른이 되었음에 치를 떨었다. 성급한 관계 정리의 경험치가 쌓이면서, 선택들이 빚어낸 시간을 실감하지 못한 부적응 상태로 몇 해를 보냈다.

하늘과 땅 사이를 뚫고 나아가는 空中공중에 올라서야 마침내 시간 부자가 되어, 지나쳐온 시간을 굽이굽이 꺼내어 이름 짓고 분류하며 보듬고 새기는 시간을 가져본 것이다.

房 　房방
： '方'은 방의 네모난 모양을, '戶'는 방으로
　들어가는 출입문을 의미함

아무도 나를 모르는 방

수없이 이사를 다녔는데도 꿈속에 등장하는 내 房방은 언제나 유년기를 보낸 방이다. 머리맡에 베란다로 통하는 창문이 있던 그 방 침대는, 유치원 때부터 스무 살이 넘도록 쓴 애착 침대였다. 곁의 벽엔 '다정이 침대'라는 오래된 선언이 적혀 있었다. 침대 맞은편 원목 책상은 아빠가 엄마랑 결혼하기 전부터 쓰던 것을 물려받아 내 책상이 됐다. 그 책상에는 세 칸으로 분리된 아주 큰 서랍이 달려 있었는데, 긴 시간 모아 온 물건들로 가득 차 항상 잘 닫히지 않았다. 책상 왼쪽으론 책꽂이가, 책꽂이 옆엔 갈색 피아노가 놓인 그 방의 모든 풍경이 아직도 눈에 선하다. 꿈속에서 자주 '다정이 침대'에 누워 낮잠을 자고, 가족 중 한 사람은 자고 있는 나를 안아준다.

　온기 어린 우리 집이 너무 좋았지만, 아무도 나를 모르는 방에서 살아보고 싶다는 마음도 똑같이 컸다. 성인이 되어 그런 낯선 방들을 수차례 전전하고 있으나 여전히, 아무도 나를 모르는 방을 갈구한다. '房방'이라는 글

房

자에서 '方방'은 방의 네모난 모양을, '戶호'는 방으로 들어가는 출입문을 의미한다. 휴대전화 사진첩엔 그동안 거쳐온 방 사진을 모은 '방' 폴더가 따로 있는데, 낯선 공간에서의 휴식이 간절해지면 그중 하나의 방문을 열고 들어간다. 오스트리아 잘츠부르크에서 머물렀던 방은, 동네 마트에서 벨런타인데이를 기념해 나눠준 튤립 한 송이를 물병에 꽂아두었던 장면으로 남아 있다. 산책을 갔다가 다시 방으로 돌아와 창가에 둔 튤립을 바라보며, 무언가 나를 기다리고 있다는 사실에 무척 반가워했었다. 낯선 다정함 안에서 쉬고 싶을 땐 그 방이 떠오른다.

여름을 실감하면, 파주의 紙之鄕지지향에 가고 싶어진다. 동생이랑 같이 살던 여름, 충동적으로 숙소를 당일 예약하고 파주에 갔었다. 누군가와 함께 같은 집에서 사는 생활이란 타인에 대한 배려가 필요한 일이고, 그래서 언제나 어느 정도의 긴장 상태에 놓일 수밖에 없다. 그러니 아무리 사랑하는 룸메이트라 해도 때론 오롯이 홀로 있고 싶은 순간이 찾아오기도 하는 것이다. 나는 지금도 동생이 귀엽고, 그래서 동생이랑 있으면 애틋한 누나의 마음이 되어 이것저것 챙겨주는 역할을 자처한다. 파주로 떠난 무렵은 선택해야 할 문제들을 잔뜩 끌어안고 있던 때였고, 혼자의 시간이 절실했다. 지지향 409호에서 큰 창을 통해 흑색으로 물든 늪 쪽을 응시하며 밤새 뒤척이다가, 해가 뜨자마자 출판단지를 뛰었다. 아무도 없는 출판단지 골목들을 혼자 달리는 시간이 정말 좋았다. 그 마음을 데리고 집으로 돌아가면 될 것 같았다.

어느 쪽으로 뒤척여봐도 쉬이 낯선 방에 정이 들지 않아 서둘러 집으로 돌아온 적도 있다. 여수 여행에서 예약했던 게스트하우스가 그랬다. 이미 숙박비를 지불한 뒤였지만, 어쩐지 그 방에서 자고 싶다는 마음이 생기지 않아 풀어둔 짐을 다시 챙겼었다. 국내 여행에선 홀홀 발걸음을 돌릴 수 있지만, 외국 여행 중엔 집으로 당장 돌아오지 못하기에 방이 마음에 들지 않아도 어찌할 도리가

房

없다. 부다페스트에서 일주일을 머물렀던 낡은 호텔 방
도, 처음 방문을 열었을 땐 크나큰 실망을 안겼었다. 창
밖 풍경이 그다지 따뜻해 보이지 않았고 창문 아래 화분
에는 날파리들이 꼬여 날아다녔다. 방에 있고 싶지 않아
동네 카페에서 밤까지 시간을 보내다 돌아왔는데, 불 꺼
진 방엔 두 개의 창으로 보름달 빛이 한가득 들어와 앉아
있었다. 무엇보다 아름다웠던 건, 창문과 만나 만들어진
달그림자였다. 창 아래에 앉아 긴 일기를 썼고, 내용의 핵
심은 결국 집으로 돌아가 달그림자를 만난 이 행운을 사
랑하는 사람들에게 나누어 줄 것이란 말이었다.

　혼자의 방이었지만 그 안에서 떠올렸던 사람에 대한
마음으로 각인된 방들이 많다. 무계획으로 들렀던 슬로
바키아 브라티슬라바에서는, 급히 숙소를 찾아 헤매다
가 마땅한 잘 곳을 찾지 못해 수녀원에 들어가 밤을 보냈
었다. 게스트룸이 있는 건물은 텅 비어서 어두컴컴했고,
내 방만 환했다. 겁이 많은 나는 오싹한 느낌이 들어 노래

를 켜 두고 흥얼거리며 무서움을 쫓아내려 애썼다. 노란색 이불을 덮고 악몽을 꾸다 잠에서 깼는데, 친구 주희에게 메시지가 와 있었다. 여행을 방해할까 봐 문자 전송 버튼을 누를지 말지 고민하던 차에, 내가 프로필 사진으로 올려둔 브라티슬라바가 무척 아름다워서 연락을 참을 수 없었다는 내용이었다. 서서히 밝아오는 창으로 느리게 흩날리는 눈송이를 보며 주희가 보낸 따뜻함을 꼭 끌어안았고, 그제야 노란색 이불의 보드라운 촉감이 느껴져 한참 동안 이불에 살을 비벼보았던 기억이 난다.

캄캄한 걸 무서워해서 요즘도 자취방 불을 켜 두고 잔다. 누군가와 함께 살 땐 불을 끈 채로 안심하고 잠이 들지만, 혼자를 갈구하는 순간도 주기적으로 찾아온다. 그런데 막상 혼자가 되어 예쁜 걸 보면, 또 같이 웃고 싶은 사람들이 어김없이 떠오른다. 아무도 나를 모르는 방을 찾아 지구 반대편까지 가놓고는, 누군가 나를 토닥여주는 방을 그리워하는 것이다.

雾
圍
氣

흩날릴 **분**, 에워쌀 **위**, 기운 **기**
: 흩날리는 눈으로 에워싸여 형성된 기운

하양으로 번지던 기도

흩날리는 하양으로 뒤덮인다는 건 경계가 흐려진다는
말이다. 흐려진 세상에 점처럼 선 채 하얘지던 밤이 있다.
에워싼 모든 것이 하얘져버려서 시공간이 분간되지 않
는, 겨울이었고 강릉이었다. '하얀'이라는 말로 다 형상
할 수 없을 만큼 밤은 점점 빈틈없는 하얀색이 되어갔다.
하양이 검정을 모조리 삼키고 나면 세계는 통째로 빛을
뿜어낼까. 그날의 일기장엔 그런 엉뚱함이 잔뜩 적혀 있
다. 멈추지 않고 내려앉는 하양, 녹지 않고 쌓여만 가는
하양의 분위기 안에서 이상하게 마음이 놓였고, 하양 속
에 빠져 있는 동안은 끝도 없이 아름다운 말들이 쏟아졌
었다. 온 세상이 동시에 명상에 잠긴 고요를 틈타, 무슨
말을 저질러버려도 지워질 것 같았다. 낮과는 다른 환함
속에서 화한 민트차를 마시며 밤새도록 사진을 찍고 편
지를 썼다. 그 밤에 쓴 편지가 닿은 사람들에게 눈이 오면
안부를 묻고, 그 시절을 함께 그리워한다. 눈이 오지 않는
계절의 바람에 쏟아지는 나뭇잎 아래를 지나다가 불쑥,

하양으로 번지던 기도가 메아리처럼 되돌아오기도 한다.

西大門 서대문 - 敦義門 돈의문

먼 여정의 관문

서대문인 돈의문 바깥으로 나가면 황해도와 평안도를
지나 중국으로 통했다. '義의를 돈독히 한다'고 풀이되는
돈의문은 평안북도 義州의주로 향하는 먼 여정의 관문이
되었다. 그러나 지금 돈의문은 그 형체가 사라지고
이름만 남았다. 일상 속에서 아무런 문제의식 없이
서대문을 공간의 명칭이라 당연시 인식하고 발음하지만,
한양 도성 서쪽 관문으로서의 돈의문이 그 무렵 이쯤에
존재했었던 사실은 우리의 감각에서 어느새 잊혔다.
서대문이 정확히 어디였는지조차 모른 채 서대문구의
땅을 밟고 서대문역을 지나다니는 것이다. 과거 일제에
의해 경매에 붙여진 돈의문은 당시 겨우 205원에
낙찰되었고, 목재와 석재를 비롯한 부속물들로 모두
분해되어 어딘가로 흩어져버렸다.

三.

다정도 병인 양하여

글자를 쪼개어 음미하고 보듬으며 예뻐해준다.
문자의 세계를 동경하는 나의 애정 표현 방식이다.

自然

스스로 자, 그럴 연
: 인간의 힘이 가해지지 않고 저절로 그렇게 된 모양

짙었을 자연

강 너머 동산 위로 달과 별이 막 떠올랐고, 맑은 바람이 물결을 일으켜 일렁이던 강 빛은 번져 하늘에 닿았다. 蘇軾 소식은 「赤壁賦적벽부」에서 적벽강에 배를 띄워 노니는 장면을 글로 그려냈다. 누구라도 이 글을 읽으면 작자의 눈과 마음이 되어 그날의 자연을 품어보게 될 것이다. 저절로(自) 그렇게 된(然) 모양 그 자체로 빛났기에 지금보다 훨씬 짙었을 옛날의 자연. 자연의 아름다움에 몰입한 때때로의 순간 여기에서도, 과거의 자연을 상상하곤 한다.

계절과 날씨의 변화, 그에 따라 달라지는 자연의 아름다움은 나의 감정을 큰 폭으로 움직이는 요소 중 하나다. 스무 살이 되기 전까지 시골에서 보낸 어린 시절의 영향일 수도 있다. 할아버지 할머니께선 농사를 지어 5남매를 기르고 가르치셨다. 사과, 감자, 고구마, 옥수수, 고추, 마늘, 생강 등 각종 농작물이 자라나는 과정을 어릴 적부터 보아왔을 뿐 아니라, 상경하기 전에는 수확 철마다 일손을 보태기도 했다.

　우리 밭과 과수원은 야트막한 산중턱에 있었다. 그래서 사과를 수확해야 할 때가 되면, 할아버지가 운전하는 경운기 뒷공간에 삼촌 고모들과 함께 타고 과수원으로 올라갔다. 저마다 촌스러운 옷과 신발로 갈아입고 흙길을 덜컹거리며 오르는 일이 재미 있어 하하호호 웃음으로 가득 찬 경운기였다. 내가 빨간 사과를 따서는 바구니에 담지 않고 한 입 크게 깨물어 물 뚝뚝 흘리며 먹고 있으면, 어른들은 여기저기서 "우리 다정이, 우리 다정이"하며 나는 예쁜 사과 먹기만 하라고 머리 쓰다듬어 주셨다. 할머니는 불을 피워 가마솥 가득 옥수수를 찌고 계셨고, 보슬비가 내리다 그친 산마루의 산그림자 위로는 무지개가 피어올랐다. 그런 자연 속 날들의 기억이 지금까지 오래도록 따뜻하다.

　요즘은, 어린 시절의 짙었던 자연에 대한 장면도 아주 옛날 일처럼 흐리게 느껴진다. 그럼에도 시골살이를

하고 계신 부모님 덕분에 자연과 아주 멀어지지는 않았
다. 부모님은 절대로 농사를 짓지 않으시겠다더니, 퇴직
후 시골 주택으로 거처를 옮겨 텃밭을 가꾸기 시작하셨
다. 지난해 초여름엔 두 분이 정원에 앉아 수박을 드시다
가 무심코 바닥에 씨를 버렸는데, 어느 날 그 자리에 수박
넝쿨이 생겼다고 자랑하셨다. 얼마 뒤 주먹 크기의 귀여
운 수박과 더불어 첫 수확한 오이, 가지, 고추들을 택배
로 보내셨다. 이렇게 부모님이 고향집 텃밭에서 길러 서
울로 보내주신 채소들 덕분에, 두 해째 채식 지향 식사를
하고 있다. 고향에서 채소 택배가 오면, 채식 파스타와 신
선한 샐러드를 만들어 친구들을 초대해 나의 식탁에 둘
러앉는다. 친구들은 우리 고향집 정원을 통째로 맛보는
기분이라며, 매번 좋아한다.

　고향집에 가면 별이 잘 보인다. 快晴쾌청한 밤, 마당
에 앉아 우리 집 진돗개 태양이와 별 아래 놀다 보면 서울
에서의 일들이 까마득해진다. 그냥 여기서 자연스럽게

살아가면 안 되나, 싶어지는 것이다.

溯

거슬러 올라갈 소
: 그리운 상대가 있는 쪽으로 거슬러 올라가는 마음

그립다는 말

옛날 사람들의 편지글인 '簡札간찰'은 필획을 생략해 흘려 쓰는 방식의 草書초서로 빠르게 날려서 쓴 것이 많다. 더군다나 사람마다 필체가 다르고, 필자의 나이나 편지를 쓰는 계절과 상황 등이 천차만별이기에 해독하는 데 각별한 공이 든다. 더듬거리며 번역하는 일은 지난한 작업이긴 하지만, 고심 끝에 골랐을 하나의 한자에 응축된 감정을 느낄 때마다 매번 감격한다. 예컨대 당신을 향한 그리움이 깊다는 마음을 '溯소'라는 한 글자로 드러낸다. 溯는 흐르는 물을 거슬러 올라간다는 의미다. 내가 있는 여기에서 당신이 있는 그쪽으로 자꾸만 거슬러 올라가는 마음이, 그리움이라고 여긴 것이다. 당장 거기로 달려가 당신이 잘 지내는지 보고 싶다는 문장을 꾸역꾸역 한자에 담아냈다. 가볍게 뱉어내고 쉽게 전달되는 텍스트의 세상에 사는 지금으로서는 감히 가늠이 어려운 간곡한 안부가, 이렇게 멀리 오래도록 닿는 중이다.

心廣體胖

마음 **심**, 넓을 **광**, 몸 **체**, 편안할 **반**

: 공부를 통해 마음에 덕(德)을 지니게 되면 덕이
외면으로 드러나 얼굴이 맑아지고 몸은 펴짐

마음과 몸

天性천성은 몸을 통해서 發발한다. 표출된 근본의 마음
은, 명랑한 혹은 창백한 몸짓을 만든다. 마음이 뱉어내는
말(言)과 움직임(行)이 뻣뻣하지 않길 바라지만, 성질
급하고 예민한 나의 몸은 시시때때로 부자연스럽다. 사
람들에게 나눠줄 수 있을 만큼의 평정과 여유를 갖고 싶
었다. 현실 세계에서 벌어지는 모순, 관계, 슬픔들을 마
주했을 때 초연한 자세로 지혜롭게 대처하는 사람이 되
면 좋겠다고 생각했다. 공부하는 사람이 되어야겠다는
다짐은, 마음이 넉넉한 사람이 되어야겠다는 결연함에
서 비롯되었다. 공부를 통해 마음에 덕을 지니게 되면 얼
굴이 맑아지고 몸은 펴진다는 孔子공자의 말은, 스스로
와 화해하는 법을 몰랐던 시절의 나에게 화두가 되었다.

四書五經사서오경을 비롯한 經書경서를 배우다 보면
한문의 文理문리를 익히게 됨과 동시에, 마음과 몸을 조
화롭게 다스리며 사는 법을 체득하는 데에도 도움이 되
곤 한다. 몸을 망가뜨리지 않고 마음이 원하는 곳으로 향

하는 일은 인내와 연습이 필요한 영역이다. 종일 책상에 앉아 글자들과 함께 침묵하는 사람은, 마음이 쉽게 옹졸해지고 몸은 딱딱해질 수밖에 없다. 종이 아래로 침잠해 가던 초조한 마음은, 몸이 책상을 벗어나지 못하도록 단단히 붙잡는다. 하지만 마음이 아무리 천 리 밖을 앞서 내달려도, 몸의 한구석 어디라도 병이 나는 순간, 모든 것은 원점으로 되돌아와 한없이 무기력에 빠지게 된다. 마음이 애써 감추려던 걸 몸은 견디지 못하고 폭로해버리는 것이다.

옛글에 담긴 가르침의 실천은 初學者초학자에겐 처음 해보는 서툰 실험과도 같아서, 마음과 몸은 자주 부조화의 상태에 놓인다. 그러나 지향점이 분명해졌기에 요즘의 나는 그런 어긋남 속에서도 조금 덜 불안하다. 마음과 달리 어색한 몸짓을 무턱대고 미워해서도, 홀가분한 표정을 기대하며 마음을 혹사시켜서도 안된다는 걸 경험으로 배웠다. 어리석은 心심·身신을 데리고 덜컹덜컹

굴러가고 있지만, 이렇게 균형은 맞춰지는 중인지도 모른다.

影

그림자 영

: 빛을 비출 때 물체 뒷면에 형성되는 그늘

주인공은 그림자

『書經서경』을 읽다가 '여기에 세운 푯말이 올바르면 저기에 그림자가 곧다.(表正於此而影直於彼표정어차이영직어피)'라는 구절에 멈춰 섰다. 이 문장은 하늘로부터 용맹과 지혜를 부여받은 商상나라 湯王탕왕이, 푯말처럼 세상의 올곧은 기준이 됨을 비유한 맥락에서 나왔다. 이때 '表표'는 해의 그림자를 관측하기 위해 세운 푯대이다. 따라서 푯대가 올곧지 못하면 그림자도 어그러지게 된다.

언뜻, 기준이 되는 사물이 주인공인 것 같지만 어쩌면 주인공은 그림자일지도 모른다. '여기'에서 갖가지 색깔과 문양으로 치장해 애써 감추려는 시공간을, '저기'에서 假借가차 없이 폭로해버리는 것이 바로 그림자이기 때문이다.

빛이 비추는 순간 반짝, 그림자는 사물 자체보다 더 확연히 사물의 본질을 드러낸다. 사물의 어느 한 지점에 사로잡히면, 전체의 輪廓윤곽은 초점 밖으로 흐려진다. 반면 그림자는 사물을 둘러싼 아우라를 한눈에 돋보이게 한다. 나의 시선이 닿지 않는 다른 각도의 면은, 그림자를 통해 사물의 결정적 특징으로 해석된다. 사물만을 아무리 뚫어져라 관찰해도 보이지 않던, 사물의 너머와 異面이면이 그림자에 담겨 있는 것이다. 지금 여기 담아 둔 아름답지 못한 마음은 뒤따른 그림자를 통해서라도 반드시 표가 나는 법이다.

多
情

많을 다, 마음 정
: 마음이 섬세하고 풍부함

다정도 병인 양하여

"이름이 다정이라 그런지 역시 다정하네요."

조그만 친절이라도 베풀고 나면 어김없이 이런 말이 돌아온다. '정이 많다'라는 통상적 의미의 多情다정을 연상하기 때문일 테다. 하지만 내 이름에는 '마음(情)이 여러(多) 개'라는 풀이가 더 잘 어울리는 것 같다. 이 두 번째 해석은, 마음이 섬세하고 풍부해서 한꺼번에 여러 곳에 감각을 곤두세우는 心性심성을 드러낸다. 언제나 긴장 상태로 주변을 관찰하는 건 무척 피곤한 일이다. 고단함을 무릅쓰고서라도 신경 쓰이는 사람, 일, 물건, 장소를 꾸역꾸역 다 챙기고 매듭지어야 직성이 풀리니 말이다.

다정이라는 이름을 좋아하지만, 그만큼 다정으로 살아가는 게 자주 버겁기도 한 이유다. 주변에 다정한 다정이가 되어주고 나면, 정작 나에겐 다정하지 못할 때가 많다. 다정도 병인 양하여 잠 못 드는 날도 아주 많다. 둘러싼 세계가 오점 없이 굴러가기만을 바라는 사이 나의 무사함은 제일 먼저 잊힌다. 낮의 다정함이 밤의 불안과 불면을 낳는다.

　다정이 병이 되는 이유는 대체로 지나친 기억력 탓이다. 지금뿐만 아니라 지나간 일들까지 곱씹어 마음을 쓰다 보니, 잊어야 할 것이 잊히지 않고 영원히 박제되어버린다. 과거의 장면 속 작은 조각을 소환해내서 사람들을 놀라게 하기도 한다. 친구들은 우리의 기억 저장소인 나를 '다정 박물관'이라고 부른다. 그러나 박물관은 괴롭다. 자려고 누우면 기억의 주름 사이사이 전시된 채 숨죽이고 있던 시간들이 제각각 손을 흔들며 튀어나온다. 저들끼리 뒤엉켜 엉망이 되기도 하고, 끝없이 부풀어지기도 한다.

　그럴 때마다 藥약이 필요한 마음이 된다. 쓸데없는 부스러기들을 털어내지 못한 채로 다 끌어안고 살아가다 보면 반드시 心身심신에 과부하가 걸리는 순간이 온다. 나라는 사람이 누군지 몰라 어리둥절했던 어릴 적엔, 몸에 안 좋은 음식을 왕창 먹거나, 목적지 없이 아무 버스나 잡아타고 종점까지 다녀오거나, 며칠이고 누워만 있기도 해 봤다.

어리둥절함에 꽤 무뎌진 요즘은, 다정에 약이 간절해지면 혼자의 여행지에서 다정을 벗은 시간을 보내고 돌아온다. 아무도 나를 모르는 방으로 숨어 들어가 한자 字典자전을 펼친 뒤, 질척거리고 물렁물렁한 다정과는 최대한 거리가 먼 글자를 탐색한다. 나에게 홀가분하고 단단한 새 이름을 지어주기 위함이다. 내 이름은 완전히 새로운 미래를 꿈꾸며 '里羅리라'이기도 했고, 쇠처럼 단련하는 삶이길 바라며 '鍊연'이기도 했고, 향기가 나는 가벼운 구름이 되길 바라며 '香雲향운'이기도 했다. 인연이 닿은 글자를 골라 이름으로 삼으면, 짧고 긴 여행 동안 그 이름으로 나를 불러주었다. 언제든 낯선 방에서 새 이름이 될 수 있다고 생각하면 다정으로 살아가는 날들에 좀 더 단호해질 수 있을 것 같았다. 그동안 지어온 새 이름들을 적어둔 공책은 내가 만든 약국이다.

그런데 아주 가끔은, 다정에 다정이 약이 될 때도 있다. 받은 편지를 불빛에 비춰보다가 볼펜으로 쓴 글자 아래 연필 자국과 지우개 가루를 발견할 때, 공원을 산책하다 눈이 마주친 어린아이가 자기 손에 있던 따뜻한 사탕을 내 손에 쥐여주고 갈 때, 감각의 촉이 여럿인 사람의 아름다운 글을 만나 공감할 때, 다정을 미워하며 심술부리던 마음은 단숨에 무색해진다. 나의 다정도 누군가에게 약이 되었을지 모르겠구나, 하는 생각이 결국은 다정으로 돌아오게 만든다.

太陽

클 태, 볕 양

: 양기(陽氣)만 충만하여 언제나 빛나고
만물(萬物)을 육성하며 희망을 주는 존재

우리 집 태양이

나는 원래 강아지를 무서워했다. 혼자서 제주도 올레길을 여행하던 중, 거세게 짖는 들개 무리에 둘러싸여 크게 놀란 경험 이후로 강아지 공포증이 생겼다. 저 멀리에 조그마한 강아지 그림자만 보여도 멀찍이 떨어진 다른 길로 돌아가곤 했다. 강아지는 내가 자기들에게 호감을 지니고 있지 않다는 걸 눈치채는 것인지, 나만 보면 이상하게 더 짖으며 달려들었다.

강아지를 가족의 한 구성원으로 아끼며 살아가는 가구가 늘어나면서, 길에서도 공원에서도 여행지에서도 강아지와 만날 기회가 점점 더 많아졌다. 가벼운 마음으로 공원에 산책을 나갔다가도 강아지들을 많이 만나면 식은땀이 뻘뻘 흐르며 심장이 두근대서 진을 빼다가 집으로 돌아왔다. 배낭여행을 즐기지만, 유독 동물들과 자유롭게 어우러져 생활하는 나라들은 선뜻 혼자 여행하기가 꺼려졌다. 이렇게 생활 속에서 강아지 공포증으로 인한 불편함을 느끼는 횟수가 매우 잦았다.

그랬던 내가 이제는 길에서 강아지를 보면 눈을 맞추며 한껏 귀여워하고, 강아지가 가는 길을 자꾸 뒤돌아보기까지 한다. 애견 동반 가능 카페는 들어갈 엄두조차 내지 못했었는데, 요새는 카페에서 만난 강아지와 친해져서 같이 한참을 노는 지경에 이르렀다. 이런 대단한 변화가, 어떤 노력도 없이 한순간에 일어나버렸다. 우리 집 식구가 된 진돗개 태양이 덕분이다.

태양이는 생후 2개월 무렵 아빠가 고향집으로 데려와 우리 가족이 됐다. 부모님이 사시는 집은 잔디가 깔린 마당이 있는 시골 주택이다. 나와 동생은 서울에 떨어져 지내고 있기에, 아기 진돗개가 아장아장 잔디밭에서 노는 모습을 영상과 사진으로 볼 수밖에 없었다. 무한 반복으로 휴대전화가 닳도록 영상과 사진을 보고 또 봤다. 이 작고 소중한 생명체를 뭐라고 불러야 할지 가족들과 채팅방에서 머리를 맞대다가 결국, 강아지 이름 짓기 임무는 나에게 맡겨졌다. 내가 한문학을 공부한다는 이유에

太
陽

서였다. 인생 처음으로 내려진 作名작명 과제를 받아들고
는, 작명소를 운영하는 사람의 마음이 되어 사전을 꺼내
펼쳤다.

한자사전과 국어사전을 번갈아 보며 신중히 글자들
을 골랐다. 한문학을 전공한 탓에 여기저기서 주워들은
이야기는 많아서, 조금이라도 부정적 의미가 깃들어 있
다는 사실이 떠오르면 그 글자는 후보군에서 탈락시켰다.
그렇게 글자들을 추려내는 고심의 시간 끝에, '太陽태양'
을 만났다. '태양'은 한자 및 국어사전에서 모두 좋은 의미
로만 풀어내고 있었다. 무엇보다 그때 난 한창 『周易주역』
을 읽던 시기였고, 읽은 바대로 라면 '陽양'은 따뜻한 기운
이 가득 차고 넘쳐서 널리 德덕을 베푸는 의미의 글자임
을 기억해냈다. 그러니 하늘에 뜬 태양은 '양'의 기운만
충만하여 높이서 빛나며 세상 萬物만물을 길러주는 희망
적 존재인 것이다.

이름의 뜻이 아무리 좋아도, 대상의 외향이나 성격

과 어울리는 것이 무엇보다 가장 중요하다. 우리 집에 오자마자 마치 여기가 자기 집이었다는 듯이 부모님께 폭폭 안기면서 활발하게 뛰어다니며 노는 녀석에겐 밝음으로 가득 찬 '태양'이 제격이라는 생각이 들었다. 이 사랑스러운 아이가 앞으로 우리 가족과 함께 따뜻함 속에서 행복하게 살아가길 바라는 마음을 듬뿍 담아, '태양'이라는 이름을 선물해주기로 결정했다. 이름에 걸맞게 활달한 성격으로 재롱을 부리며 착하고 예쁜 행동만 하는 태양이는, 우리 가족 관심 서열 1순위가 되었다.

태양이가 나에게 안겼던 첫 순간의 따뜻함을 떠올리면, 품 안에 새겨 있는 태양이의 체온과 포근함이 아직까지도 생생하게 되살아나 느껴진다. 강아지 공포증을 앓던 겁쟁이와, 낯선 사람이 무서운 아기 진돗개가 처음으로 상봉하는 순간, 두 존재는 떨면서 서로를 안아주었다.

자주 못 만나는 태양이가 항상 보고 싶다. 집에 갈 때마다 마당 잔디밭에서 태양이랑 뒹굴며 노는 시간은, 행

복의 느낌만으로 남는다. 태양이는 내가 서울로 떠나고
나면 나를 찾아 집 구석구석을 돌아다닌다고 한다. 영상
통화나 동영상에서 내 목소리를 들으면 휴대전화를 핥
으며 귀 쫑긋 꼬리 살랑 코 킁킁하며 배를 문질러 달라고
눕는단다. 오랫동안 강아지를 무서워해온 나에게, 사랑
스럽고 보드라운 나의 강아지 태양이와 나누는 마음은
무척 큰 감동이고 설렘이다.

喜

기쁠 회

: 희망하던 바가 이루어져 행복하고 즐거운 마음
상태

천천희, 나란희

'히'로 끝나는 부사를 만나면 '히'가 놓인 자리에 '기쁠 喜희'
자를 넣어 본다. 고요喜, 잔잔喜, 서서喜, 천천喜, 나란喜.
이렇게 '喜'를 붙이면, 한순간에 기쁨을 머금은 단어가
된다. 고요히, 잔잔히, 서서히, 천천히, 나란히 존재하는
중인 모든 찰나들이 따분하지 않고 귀하게 느껴진다. 물
결을 그리며 흘러가는 강물, 빛이 번지는 해 질 녘 하늘,
알을 깨고 나오는 어린 생명, 피어나는 꽃봉오리, 곁의 사
람과 보폭을 맞춘 발걸음. 다른 세계로 나아가는 과정의
숭고함이, 喜를 붙인 단어에는 담긴다. 무엇에게도 피해
끼치지 않으면서, 서둘러 앞서가려 하지 않고 공존하는
우리를, 그 안에서 녹고 있는 나를, 희망하게 만든다. 하나
의 소리로 발음되는 두 글자가 한꺼번에 형성하는 屈曲
굴곡진 靈感영감의 파노라마다.

愛
日
之
誠

사랑 애, 날 일, 어조사 지, 정성 성
: 시간이 흘러가는 것을 아까워하며 지금에 더
  정성을 다함

순간에 매달린 사랑

쩔쩔매는 단어를 하나 골라보라고 한다면, 언제나 '사랑'
이다. 사랑한다는 말은 내게 하양(白)보다는 검정(黑)에
가까워지는 중인 말이었다. 사랑의 크기가 커질수록 불
안도 커졌다. 항상 죽음을 기억하며 사는 것(Memento
mori)처럼 항상 헤어짐을 기억하면서 사랑하는 것이 어
쩌면 우리에게 주어진 형벌이 아닐까. 힘겹게 산 정상으
로 올린 바위가 금세 원점으로 굴러떨어져, 영원히 정상
을 향해 바위를 올려야 하는 시시포스(Sisyphus)의 형벌
같은 것.

그(시시포스)에게는 바위의 알갱이 하나하나, 어둠이 내
린 산에서 짧은 순간 명멸하는 작은 광채 하나하나, 이런
것들로 하나의 세계가 족히 형성된다. 꼭대기를 향한 투
쟁만으로도 사람의 마음은 충분히 가득 차오른다. 우리
는 행복한 시시포스를 상상해야 한다.

—알베르 카뮈, 『시시포스의 신화』

자크모노 저, 조현수 역, 『우연과 필연』, 궁리, 2010. 5쪽
에서 재인용.

그런데 알베르 카뮈는 꼭대기를 향해 투쟁하는 시간 안
에 갇힌 시시포스의 행복을 말한다. 明滅명멸하는 순간들
만으로 하나의 세계가 형성될 수 있다고도 말한다. 여기
서 明명과 滅멸, 불이 켜졌다 꺼지는 경계를 가르는 것은
'기억'의 문제이다. 그 나머지를 모두 삼킬 만큼 밝음이 넘
치는 마음(明)과, 밝음 아닌 모든 나머지를 기억해내면
서 소환되는 어둠(滅)은, 앞면과 뒷면처럼 엎치락뒤치
락한다.

　孔子공자는 사랑(愛)하는 부모님의 나이를 늘 잊지
않고 기억해야 한다면서, 기억하는 건 슬픈 일임을 함께
명시했다. 여기에서 '愛애'라는 글자에는 사랑한다는 뜻
말고 '아까워하다'라는 의미도 담겨 있다. 손 쓸 대책도 없
이 해는 떴다가 진다. 그렇기에 사랑할 시간이 줄어드는

걸 두고 보기만 해야 하는 攝理섭리는 시간을 아까워하는 심정으로 이어진다. 이때 공자의 말에 달린 朱熹주희의 주석을 보면, 사랑할 시간의 소멸을 감각하면서 지금 더 정성껏 사랑하라는 것이 진짜 하려는 말임을 알 수 있다.

끝에 헤어짐이 있음을 망각하게도, 기억하게도 하는 것이 사랑의 순간이다. 그렇지만 헤어질 시간을 감각하게 되더라도 슬픔에 빠져버리거나 두려움을 멀찍이 던져두고 모른 척하지 않는 것. 끝으로 향하고 있음을 알기에 지금 함께 놓인 사랑을 더 작게 쪼개어 섬세히 만지고 좋아하는 것. 感覺감각과 忘却망각, 記憶기억과 瞬間순간을 동시에 끌어안고 넘나드는 것. 그것이 사랑하는 우리들이 할 수 있는 최선이라는 말이다.

似而非

닮을 사, 말이을 이, 아닐 비
: 겉으로는 닮은 듯하지만 실제로는 다른 것

허둥지둥한 진심

孔子공자는 '비슷하지만 아닌 것(似而非)'을 미워한다고 했다. 닮은 듯(似) 하지만(而) 그렇지 않은(非) 것. 비슷해 보이지만 진짜와는 완전히 다른 가짜. 포장하고 감추는 것들. 곡식을 감싸 안고 있는 피, 正樂정악을 흉내 낸 俗樂속악, 붉지만 빨강 아닌 자주색, 본심을 숨기는 현란한 수식어들. 알맹이를 관통하고 진실을 직시해내야 하는 시각을 교란하는 것들이 밉다는 말이다.

　나는 그런 어지러운 것들, 어지럽히는 것들이 좋다. 열매를 품고 있어 애틋한 껍질, 주파수가 통하는 이들을 연결해주는 새 장르의 음악, 초록이 햇볕에 바래서 만들어진 민트색, 사랑이라는 말 주변을 맴도는 단어들. 언저리에서 탄생하는 허둥지둥한 진심은 예쁘기만 하다.

趣
向

달릴 **취**, 향할 **향**
: 마음이 향하여 달려가는 방향

편향적 취향

살아내는 날이 쌓여갈수록, 내가 무엇을 좋아하고 어떤 상황을 힘들어하는지 좀 더 선명히 알아 간다. 그렇다고 해서 싫어하는 걸 항상 피할 수 있지는 않다. 당면한 지금 내가 왜 불편하고 괴로운지 그 이유를 알게 되었을 뿐이다. 사람들과 무리 지어 어울리는 것이 힘겹다. 자발적으로 참석한 것이 아니거나, 어렵고 낯선 이들로 가득한 어떤 시끌벅적한 식사 자리에 다녀오면 며칠을 앓아눕곤 한다.

그러고 싶지 않은데도 번번이, 아주 작은 일들에까지 의미를 부여하게 된다. 그래서 내가 내뱉었던 말이나 취했던 행동, 나아가 떠올렸던 생각까지도, 다시 꺼내어 반복 재생시키며 곱씹어본다. 타인에게 들었던 말과 당했던 행동보다도 주로 나의 언행을 위주로 되뇌기에, 밤이 되면 머리를 싸매고 이불을 걷어차게 되는 것이다.

엎친 데 덮친 격으로 나는 내향적이면서 동시에 외향적으로 보일 수도 있는 사람이다. 심리검사를 하면 나의 성격은 대부분 내향성으로 판명되지만, 언제나 신기하게도 외향성과 차지하는 비중이 크게 차이 나지 않는다. 그래서 사람들과 어울리는 자리에서 어색한 침묵이 흐르면, 가만히 있지 못하고 분위기를 애써 이끌어나가려 이런저런 말을 꺼내놓게 된다. 그 순간 머릿속으론 '아, 오늘 밤 잠은 다 잤구나.'하는 생각이 스친다. 나와 결이 다른 사람들은 마냥 활발해 보이는 내가 그런 소심한 걱정을 품고 있다는 걸 상상조차 하지 못한다.

어렸을 때부터 좋아하는 것들에 대해서는 이미 뚜렷하게 알고 있었다. 그런데 싫어하는 것이 무엇인지 알게 되고, 그것을 이렇게 문장화할 수 있기까지는 굉장히 오랜 시간이 걸렸다. 학창시절엔 줄곧 반장을 했고 심지어는 학생회장까지 해보았다. 지금으로서는 절대로 나서서 맡고 싶지 않은 일들을, 어렸던 나는 일상처럼 해냈다. 그땐 어른들에게 칭찬받는 일이 곧 내가 좋아하고 잘하는 일이라 생각했다. 집안의 長女장녀로 태어나 자라는

과정에서, 항상 무엇이든 뚝딱 잘 해내어 나를 사랑해주
는 가족들에게 실망시키지 말아야겠다는 강박을 지니게
된 것이다.

세월이 걸렸지만 그래도 지금의 나는 나의 趣向취향
을 잘 아는 사람이 됐다. 취향은 '달려갈 趣취'와 '향할 向향'
이라는 글자가 만나 형성된 단어다. 풀이하자면, 저마다
의 마음이 향하여 달려가는 방향이 곧 취향이다. 점점 더
'偏向편향적' 즉, 한쪽으로 치우친 취향을 추구하게 되는
것 같다. 나랑 취향과 결이 맞는, 나랑 같은 방향을 바라
보며 달려가는 중인 사람은 대체로 단번에 알아챌 수 있
다. 그렇게 빠른 속도로 친구가 되어 지금까지 친구로 지
내는 사람들과의 깊은 우정이, 아슬아슬했던 여러 번의
나를 구했다.

多情다정을 다 내어주고 집으로 돌아가는 길 내가 행
여 힘겨울까 염려해주는 친구, 다정이 담겨서 전해지는
나의 글을 사랑한다고 말해주는 친구, 벌어지는 온갖 일

들에 감정을 곤두세우는 오지랖 넓은 다정을 나보다 더 걱정하고 이해하며 예뻐해주는 오랜 친구들 덕분에, 나를 조금은 덜 미워하며 취향껏 살고 있다.

潔
癖

깨끗할 **결**, 버릇 **벽***
: 유난스럽게 깨끗한 것을 좋아함

결벽에 약이 필요할 때면

어린 시절의 나는 교과서에 자를 대고 밑줄을 긋는 학생
이었다. 볼펜 잉크가 번지지 않도록 조심하며 정사각형에
가까운 정자체 글씨로 공책을 정리하곤 했다. 필기 결벽
말고도 건강 결벽, 청결 결벽, 정리 결벽 등 각종 '癖벽'을
앓았다. 사랑하는 가족들이 아프게 되면 어쩌나 전전긍
긍하며 과한 신경을 쏟았고, 식당에서 옥에 티 없는 수저
를 찾느라 진땀 빼거나, 머리카락들이 흩어지지 않도록
헤어스프레이로 고정해 묶던 시절도 있다. 무엇이든 뚜
렷하고 반듯한 것이 좋았다. 하지만 사방이 직선으로 정
돈되어야만 안심하는 네모난 사람의 모습을 스스로 싫어
할 때가 더 많았다. 동그라미 같은 사람이 되고 싶었다.

혼자서 훌훌 다녔던 여행은, 예기치 못한 여러 순간
에 나의 결벽을 치료했다. 오스트리아 비엔나에서 알게
된 '훈데르트바서(Hundertwasser)' 화가 아저씨는 물
감이 묻은 붓을 접싯물에 씻은 뒤 그 물을 훌짝 마셨다.
그래도 죽지 않았다. 짝짝이 양말을 신고 꽁꽁 언 얼음강

*癖(버릇 벽): 무엇을 치우치게 즐기거나, 심신에 굳어진 좋지 않은 버릇

138

위에 누워 책을 읽기도 했다. 알록달록한 곡선들과 어우러져 제멋대로의 동그라미를 그리며 살았던 그의 삶을 구경하면서, 통쾌한 해방감을 느꼈다. 어떤 여행에선 비둘기 털이 날아다니는 공원 바닥에 털썩 주저앉아 수다 떠는 사람들을 보면서, 또 다른 여행에선 꼬질꼬질한 꼴로 여행객 무리에 섞여 평온한 나를 보면서, 결벽에서의 탈출을 경험했다.

반대로, 결벽을 앓으면서도 예술의 향유에 기대어 삶을 단정히 일구었던 사람들과의 만남 역시 나를 안심시켰다. 옛날 사람들을 탐구하는 여정 중엔 결벽을 지녔던 문인학자들을 어렵지 않게 만난다. 그들의 결벽은, 모난 데 없이 정갈한 글씨체에, 사람과 사물을 대하는 살뜰한 태도에, 자신의 공간을 정돈하는 방식에, 緊切긴절하게 애쓰는 모양새로 묻어난다. 문학과 학문을 향한 어느 선비의 결연하고 곧은 다짐이 그의 生생을 피로하게 했을 테지만, 덕분에 세상을 치밀하게 통찰했던 다정한 시

潔
癖

선은 글에 온전히 담겨 지금까지 전하게 됐다. 천년 전에
도 창작하고 공부하는 마음은 쉽지 않았으나, 그런 마음
들끼리 세월을 관통해 연대할 수 있기에 문학과 학문은
아름답게 이어져 왔다. 그 반열에 촉을 곤두세워 아름다
움을 감지하는 것은 크나큰 응원이었고, 癖벽이 될 만큼 하
나를 사랑하는 마음을 무작정 미워하지만은 않게 됐다.

　요즘도 여전히 完璧완벽하지 못한 상태를 보며 괴로
운 날도 있고, 몸이 아프거나 중요한 시험을 치르는 예민
한 상황에 놓이면 결벽이 도지기도 한다. 훈데르트바서
하우스 기념품점에서 사 온 빨강, 파랑, 흰색이 뒤섞인 색
연필은, 결벽이 찾아와 답답할 때 꺼내 쓰면 꽤 위안이 된
나. 글 쓰기 결벽으로 힘든 순간엔, "책을 너무 많이 씻어
내게 될까 봐 수건을 내려놓고 책에게 다 끝났다고 말한
다"는 메리 올리버의 말을 곱씹는다. 그렇게 궤도를 이탈
하고 싶어 발버둥 치다가도, 빼곡히 줄 맞춰 써 내려간 조
선 선비의 네모 반듯한 글 앞에 돌아와 앉을 때 제일 편안

해지기도 한다. 결벽을 앓은 역사만큼, 그에 걸맞은 약들도 여럿 갖춰두게 된 것이다.

예전보다 훨씬 둥글둥글해진 것도 같고, 또 어쩔 땐 더 꼿꼿해진 것도 같다. 상황에 따라 유연히 대처하는 법을 배운 걸지도 모른다. 그런 변화가 반영되어서인지, 지금의 내 글씨체는 세 개나 된다. 시험 답안 같은 공식적 글을 쓸 때의 정자체, 메모를 하거나 편지 쓸 때의 필기체, 그리고 종종 특별한 날에 쓰는 '거꾸로 글씨체'도 있다(글자를 왼쪽에서 오른쪽으로 쓰는 것이 아니라, 오른쪽에서 왼쪽으로, 아래에서 위로 써나가는 방식. 예를 들어, '다정'은 'ㅏ ㄷ ㅇ ㅓ ㅈ'의 순서로 씀). 네모를 모두 내다 버리고 동그라미만 동경한다면, 나는 또 동그라미 결벽에 갇힐지도 모른다. 널브러지게 두어서 엉망인 채로 규칙이 되는 날과, 나란함 덕분에 자유를 누리는 날을 건너다녀야 한다. 이것이, 결벽 성향을 지닌 나와 화해하면서 살아가도록 내린 최선의 처방전이다.

念起卽覺

생각 념, 일어날 기, 곧 즉, 깨달을 각
: 망념(妄念)이 일어나면 즉시 깨달음

생각에 이름 붙이기

명상 클래스에 참석했던 첫날, 눈을 감고 호흡에 집중하다가 어떤 생각이 떠오르면 그 생각에 '이름 붙여주는 법'을 배웠다. 하고 싶지 않은 생각을 하는 나를 미워하는 대신 이름을 붙여주라는 것이다. 이 방법을 배운 뒤, 요즘은 종종 방에서 혼자 명상을 한다. 방석 위에 가부좌 틀고 앉아 눈 감은 시간 동안 떠오른 생각들은 잠시 이름을 갖고 머물다 흘러간다.

이런 일련의 연습을 꾸준히 해오며 깨달은 가장 신기한 사실은, 지금 몸과 마음으로 느껴지는 어떤 감각에 집중하다 보면, 그것이 그 자리에 머물러 있지 않고 끝없이 옮겨 다닌다는 점이다. 나쁜 생각은 영원하지 않다. 같은 맥락에서, 나의 주치의 선생님은 상담 시간에 '생각에는 힘이 없다'는 이야기를 자주 한다. 수없이 들어온 이야기지만, 매번 이 말을 듣고 싶어서 선생님을 만나러 간다.

지금의 내가 이런 생각 훈련의 과정에 놓여 있어서인지, 『禪家龜鑑선가귀감』이라는 불교의 서책을 읽던 중 '망념이 일어나면 즉시 깨달아라. 깨달으면 곧 사라질 것이다(念起則覺념기즉각 覺則無是각즉무시)'라는 글귀가 반짝, 눈에 들어왔다. 결국 이 글귀 역시, 생각이 생각일 뿐이라는 걸 깨닫는 순간 생각은 사라질 수 있다는 진리를 담고 있다.

그런데 기록하고 기억하길 무척 좋아하는 나는 '생각에 힘이 없다, 생각은 곧 사라질 것이다'라는 생각을 일기장에, 또 여기에 기록하고 있다. 생각에 대한 단상을 쓰는 날은, 하고 싶지 않은 생각이 자꾸만 들어서 좀 괴로운 날이다. 그래서 그 생각들에게, 여기까지 이렇게 긴 이름을 붙여준 것임을 고백한다.

何
必

어쩌 **하**, 반드시 **필**

: 다른 방도를 취하지 않고 어쩌하여 꼭

고고한 이탈자의 편에서

흐드러진 풀밭을 양옆에 둔 채 시멘트 틈을 비집고 나온 한 포기의 초록이 눈에 들어왔다, 何必하필. 어째서(何) 꼭(必) 그 자리에 뿌리내린 거냐고 묻지 않는다. 땅을 걷는 대신 바닷속을 헤엄치는 삶을 선택한 코끼리도 있다. 한겨울 꽁꽁 언 바이칼호를 건너는 사람에겐 떠나온 집보다 얼음 위가 더 따뜻할지도 모른다. 사막에 점처럼 혼자 선 낙타는 길을 잃어 무리에서 離脫이탈한 게 아니라 자유를 찾아 도망친 걸 수도 있다. 자신의 길이 될 수밖에 없었던 軌道궤도를 끝끝내 지켜내는 건, 통쾌하게 아름답다.

悅·樂

기쁠 **열** · 즐거울 **락**

: 혼자 느끼는 기쁨 · 함께 나누는 즐거움

기쁨과 즐거움

양갈래머리에 빨간색 어린이집 가방을 멘 아이가 버스에 올라탔다. 자리를 양보하고 그 곁에 서 있는데, "사랑해요!" 아이가 불쑥 인사를 건넨다. 고맙다는 말 대신 사랑한다는 말을 선뜻 내밀 수도 있는 거구나. 내가 나눈 작은 배려의 마음에 아이는 사랑이라는 큰 단어를 서슴없이 나눠주었다. 아이의 곱고 순한 말은 여운이 길었고, 그날은 종일 먹먹했다. 혼자서 살아가는 세상이 아니라고, 수없이 되뇌었다. 내 마음 편하려고 하는 겉치레 인사가 아니라 상대의 마음에 가서 닿길 바라는 진심 어린 사랑을, 주저하지 않고 표현하는 법에 많은 어른들은 서툴러진 것 같다. 우리는 사랑을 주고받으며, 온기를 빚고 갚으며, 기대고 기대어 살아지는 존재라는 걸 자꾸만 놓치며 살아간다.

나누는 것이 어렵게 느껴진다. 나누는 걸 좋아하지만, 돌아올 시선을 상상하면 심장이 뛰어서 서랍에 넣어둔 편지가 많다. 나눌 때마다 온 마음을 쏟아내기에, 지

悅
樂

금은 소모할 기력이 충분하지 않다는 핑계로 나눔을 미룬 적도 아주 많다. 나의 심신에 벌어진 슬픔 혹은 기쁨마저도, 평정을 찾아 추억처럼 가볍게 말할 수 있을 때가 되어서야 주변 사람에게 꺼내어 풀어놓는 성격이다. 곁의 사람들에게서 '내 이야기를 때마다 공유해주지 않아 외롭다'라는 따가운 말을 듣는 지경에 이르러서도, 내키지 않으면 절대로 내 안의 감정을 쉽게 나누기 힘들었다. 하고 싶은 말, 듣고 싶은 말이 보따리에 터질 듯 가득해지면, 한글 파일의 '빈 문서'를 열고 조목조목 마음을 정리하며 써 내려갔다. 종종 혼자라는 희열에 도취될 때면 나는 혼자서도 잘할 수, 잘살 수 있는 인간일지도 모른다는 오만에 빠지기도 했다. 혼자의 기쁨을 애써 누리며 일상을 연명하는 내가 참을 수 없이 한심하다고 느꼈을 무렵, 공부의 길을 걸어야겠다는 생각이 점점 선명해졌다.

대학원 입학을 마음먹고 다니던 회사에 사직서를 쓰기 전, 가족회의를 열겠다 선언하고 고향집 근처 레스토

랑으로 가족들을 소집했다. 나는 준비한 10쪽 분량의 '대학원 입학 계획서'를 부모님과 동생 앞에서 읽어 내려갔다. 계획서의 1번은 '공부의 목적'이었다. 공부를 해서 얻는 귀한 마음을 사람들과 나누며 살아보고 싶다고, 그래서 그 첫걸음으로 제일 먼저 가족들에게 내가 좋아하는 걸 자세히 소개해주는 거라고, 그렇게 이야기했었다. 그때의 나는, 공부하고 읽고 쓰면서 느끼는 기쁨을 우선 가까운 사람들과 나눠봐야겠다고 생각했었다.

『論語논어』를 처음 배우던 시절, 선생님께 '기쁠 悅열'과 '즐거울 樂락'의 차이점을 질문했었다. 悅열은 혼자서 느끼는 기쁨이고, 樂락은 사람들과 함께 나누는 즐거움이라는 대답을 들었다. '한자'라는 문자를 익히면서 발견한 아름다움들은, 혼자만의 기쁨으로 간직하기엔 너무 아까울 만큼 찬란하다. 문자의 장벽을 넘는 순간 서서히 형체를 드러내는 흥미로운 '옛날'을 사람들과 함께 여행하고 싶다는 생각이 점점 번졌다. 공부의 과정에서 포착

悅
·
樂

한 기쁨이 사람들에게 뜻밖의 즐거움으로 나누어졌으면
좋겠다.〈한자 줍기〉를 기획하게 된 것도 이런 마음에서
비롯됐다. 여기저기 빚진 고마움에, 나답게 보답해보려는
것이다.

南大門 남대문 - 崇禮門 숭례문

불에 맞서기 위하여

선조들은 지형과 방위를 인간의 吉凶禍福길흉화복과
연관 지어, 흉한 일이 일어날 것에 대한 방비책을
마련했다. 관악산은 풍수지리상 불의 기운을 가득 품은
'火山화산'으로 여겨졌다. 조선시대에는 관악산의
火화 기운이 한양에 번져 도성 안에 재앙이 생길 것을
염려했다. 경복궁에서 남쪽을 바라보았을 때 놓인
國都국도의 主山주산 관악산이 도성에 불의 재앙을
불러오는 씨앗이 될까 두려웠던 것이다. 이 때문에
관악산을 정면으로 바라보는 건너편 숭례문 앞에
'南池남지'라는 연못을 만들어두었다. 숭례문 현판은
다른 문들과 다르게 가로가 아닌 세로로 쓰여 있는데,
이 역시 불이 타올라 가는 모양새를 형상화해
관악산의 강한 火氣화기에 맞불로 대응하기 위함이었다.

四.

건너야 할 물음표

—

感覺(감각)과 忘却(망각), 記憶(기억)과
瞬間(순간)을 동시에 끌어안고 넘나드는 것.
그것이 사랑하는 우리들이 할 수 있는 최선이라는 말이다.

經 　날실 경
　　　: 중심이 되는 세로축

세로로 선 우리는 서로 기대어

진리를 담고 있는 聖人성인의 말은 세기를 거듭해 '經경'의 위치에 놓여 추앙받았다. 성리학자는 삶을 통째로 '經'이라는 한 글자에 기댄 이들이다. 經은, 베틀에서 열을 맞춰 세로로 뻗은 날실처럼 변치 않는 중심축이 되어주는 존재를 의미한다. 우리는 세로로 선 것에 기댄다. 하늘과 땅을 향해 뻗은 나무에, 사람에, 책에. 세로로 서 있는 것들이 만나 面면을, 하나의 세계를, 織造직조한다. 자신의 축을 붙잡고 살아가는 존재들은 주파수가 통하는 다른 축을 만나 기대고 기대어 '우리'가 된다. 닮은 선들끼리 촘촘하게 채운 모순 없는 면 안에 놓여 있을 때 우리는 비로소 안심한다. 經은 저마다의 유일함이고, 세상엔 수많은 經들이 있다.

白
文

흰 백, 글월 문
: 구두점과 주석이 없는 순수한 한문(漢文)

한자의 밭

내가 한문 연수를 받은 '한국고전번역원 부설 고전번역
교육원'은 한자로 쓰인 한국문학 작품을 비롯해 조선왕
조실록, 승정원 일기 등의 번역가를 양성하는 기관이다.
번역원 생활은 일상이 시험이다. 입학시험을 시작으로
학기마다 중간·기말고사를 치렀다. 시험 문제는 끊어 읽
기 표시인 '句讀點구두점'과 단어나 문장을 해석한 '注釋
주석'이 전혀 없는, '白文백문' 형태로 출제된다. 經書경서
의 일부를 백문으로 제시하면, 주어진 시간 안에 해당 글
에 쉼표와 마침표를 찍고 우리말로 번역하는 방식이다.
옛 문헌은 세로로 써내려 온 한자들만으로 한 面면이 빼
곡하다. 그런 자료들을 정확히 해독하는 번역 전문가가
되기 위한 훈련이라고 할 수 있다.

구양수(歐陽脩, 1007~1072), 「추성부(秋聲賦)」

- 백문

歐陽子方夜讀書聞有聲自西南來者悚然而聽之曰異哉
初淅瀝以蕭颯忽奔騰而澎湃如波濤夜驚風雨驟至其觸
於物也鏦鏦錚錚金鐵皆鳴又如赴敵之兵銜枚疾走不聞
號令但聞人馬之行聲予謂童子此何聲也汝出視之童子
曰星月皎潔明河在天四無人聲聲在樹間

- 구두점을 찍은 모습과 번역문

歐陽子方夜讀書, 聞有聲自西南來者, 悚然而聽之
曰:"異哉! 初淅瀝以蕭颯, 忽奔騰而澎湃, 如濤夜
驚, 風雨驟至。其觸於物也, 鏦鏦錚錚, 金鐵皆鳴,
又如赴敵之兵, 銜枚疾走, 不聞號令, 但聞人馬之行
聲。"予謂童子:"此何聲也? 汝出視之。"童子曰:"星
月皎潔, 明河在天, 四無人聲, 聲在樹間。"

구양수가 밤에 독서하고 있었는데 서남쪽으로부터 무언가 오
는 소리를 듣고 오싹하여 말하길, "기이하다! 처음에는 우수
수 쏴쏴 하다가 갑자기 솟구쳐 올라, 밤에 세찬 파도가 치고
비바람이 몰아치는 듯하다. 건드리면 쟁그랑쟁그랑하여 쇠와
철이 울리는 것 같으며, 또 마치 적에게 달려가는 병사가 재갈

을 머금고 질주하여 호령 소리는 들리지 않고 단지 사람과 말이 지나가는 소리만 들리는 듯하다."라고 하였다. 내가 동자에게 말하길, "이것은 무슨 소리인가? 나가서 살펴보아라."라고 하였다. 동자가 말하길, "별과 달이 밝고 깨끗하며 은하수가 하늘에 있으니, 사방에 사람 소리는 없고 나무 사이에서 소리가 납니다."라고 하였다.

백문이 나열된 시험지를 처음 받아들었던 때엔, 식은땀이 났다. 어디에 쉼표를 찍을지, 느낌표와 물음표 중 무엇을 선택할지, 모르는 글자는 어떻게 처리할지 등의 여부에 따라 전체 글의 해석 방향은 천지 차이가 난다. 번역하는 이의 순간 판단으로 인해 어떤 자료가 의도에서 벗어나 전혀 엉뚱한 글로 판명될 수도 있는 것이다. 한문의 문법에 제법 익숙해진 지금도 백문이 눈앞에 놓이면 긴장부터 된다.

　그러나 구두점과 주석을 충실히 달고 정성껏 번역을 마친 번역문에 마침표를 찍고 나면, 衆口難防^{중구난방}으로 어지럽던 밭을 단정히 갈아 정돈을 마친 농부처럼 말끔한 마음이 된다. 그 희열에 어느새 한자들이 가득 흩어져 있는 또 다른 백문을 꺼내 든다.

文房四友

글월 문, 방 방, 넉 사, 벗 우
: 공부하는 선비가 늘 곁에 두고 다루는
'종이·붓·먹·벼루'를 '네 벗'으로 의인화한 말

선비의 문구 사랑

선비가 시와 書畵서화를 쓰고 논했던 공간인 文房문방에는 반드시 종이·붓·먹·벼루의 '四友사우'가 있었다. '네 명의 벗'이라고 의인화해 표현할 만큼 선비에게 종이·붓·먹·벼루는 떼려야 뗄 수 없는 文具문구 용품이었던 것이다. 문방사우는 선비들이 시를 쓸 때 역시 단골 소재였고, 私利私慾사리사욕을 버린 채 고고한 선비 정신을 지키며 사는 삶을 문방사우에 빗대어 표현했다. 조선 숙종 때의 선비 洪萬選홍만선, 1643~1715은 산속 집에 살며 문방사우만큼 淸新청신한 취미가 없다고 말하면서, 먹을 만들고 벼루를 씻고 붓을 보관하고 종이를 다듬는 방법을 세세히 글로 남겨 엮어두기까지 했다.

각종 동식물의 문양으로 꾸민 갖가지 벼루를 끝도 없이 수집하는 '硯癖연벽'을 앓은 선비들도 있었다. 柳得恭유득공, 1748~1807의 경우 조선의 벼루를 주제로 『東硯譜동연보』라는 책을 엮었다. 시를 읊고 그림을 그리러 자연 속으로 떠날 땐 별도로 제작한 휴대용 필묵과 필묵통, 벼루와 벼룻집을 챙겨 길을 나섰다. 상대를 향한 마음을 전하고자 문방사우를 선물하는 일도 잦았다. 특히 조선의 종이는 품질이 좋아서 조선뿐 아니라 중국의 선비들에게도 무척 인기가 많았기에, 중국 문인들과 우정을 돈독히 하고자 종이를 선물하곤 했다. 문방사우 외에도 文鎭문진, 硯滴연적, 花瓶화병 등 책상 풍경을 구성한 문구류는 선비들의 공부방에 놓여 그들에게 기쁨을 주었다.

박물관에 갈 때면 시간을 간직한 유물들이 뽐내는 저마다의 아름다움에 늘 감격하는데, 그중에도 문방사우는 유독 발걸음을 오래도록 붙잡아둔다. 문방사우를 비롯한 각종 문구를 갖춘 반듯하고도 소박한 나무 걸상을 바라보면서, 단정했을 선비의 생활을 상상해보곤 한다. 공부하고 글 쓰는 생활을 꾸려가는 같은 처지에 놓인 사람으로서, 선비들이 학문하는 삶의 태도를 반영한 문방사우에 남다른 감회를 느끼는 것이다.

옛 문인에 버금갈 만큼은 아니지만, 나 역시도 문방

文
房
四
友

사우를 사랑한다. 어릴 적부터 미술반 활동을 하며 나의
紙筆墨硯지필묵연 수집이 시작됐다. 지금 사는 자취방에
는 벌써 수도 없이 나와 함께 이사를 다닌 붓통과 물감 상
자, 스케치북 뭉치가 있다. 붓통 안에는 오래되어 털이 뻗
친 것도 있고, 외국 여행 중 들렀던 화방에서 사온 귀한 붓
도 있다. 여행을 다닐 때면 그 지역에서 꼭 필기구와 노트,
스케치북 같은 문구류를 사 온다. 아직 포장지조차 뜯지
않은 노트들이 수두룩하다. 언젠가 그 빈 종이가 예상치도
못한 글과 그림으로 채워지리란 걸 알기에, 바라보는 것만
으로 부자가 된 듯 기분이 좋아진다. 한국화를 배우던 시
절 사두었던 벼루와 먹은, 요즘 종종 붓글씨를 쓰고 싶을
때 꺼내 쓴다. 시간의 때가 묻은 그 벼루를 무척 아낀다. 최
근에는 인사동을 거닐다가 불쑥 筆房필방에 들러 대나무
로 된 자루에 '心經심경'이라는 글자가 새겨 있는 細筆세필
을 샀다.

글 쓰고 그림 그리는 일을 업으로 삼은 이들이라면 누구라도 나의 문구 수집과 옛 선비의 문구 사랑에 깊이 공감해줄 것이다. 저마다의 사연을 머금은 문구들이 말끔히 정리된 책상에 앉아 아끼는 펜으로 사각사각 종이에 끄적이고 싶은 마음에서 創作창작 행위가 시작되기도 한다.

檢書官

검사할 **검**, 글 **서**, 벼슬 **관**
: 조선 정조 때 왕실 도서관이자 학술 연구 기관인
'규장각'에서 서적 검토 및 필사를 담당한 관원

조선의 검서관 유득공

1795년 초록과 분홍이 짙었던 초여름, 柳得恭유득공,
1748~1807은 奎章閣규장각 동료들과 창덕궁 後園후원 芙蓉
池부용지 일대를 거닌다. 후원의 담장을 따라가는 사이 화
단을 스치는 도포 자락에 꽃잎들이 달라붙었다. 무성한 나
무들의 잎사귀와 철쭉꽃잎들 사이사이로는 청명한 하늘
빛이 내리쬐고 있었다. 규장각과 승정원 등 여러 부서 소
속 사람들이 모여, 부용지에서 벌어진 뜻밖의 낚시 놀이와
꽃구경 한바탕을 즐긴 한낮의 어느 날이었다. 그날 밤 도
성의 거리 위로 밝은 달이 떠올랐고, 창덕궁 관원들은 일
제히 고개를 들고 달빛을 품어보았다. 집으로 돌아온 유득
공은 그날 보고 느낀 것들을 돌아보며, 꿈속에서 노닌 듯
황홀했다고 기록해두었다.

유득공은 당시 규장각의 檢書官검서관 직무를 맡고 있
었다. 조선시대 정조 임금 재위 기간인 1779년에 설치한
왕실 도서관이자 학술 및 정책 연구 기관이 바로 규장각이
다. 규장각은 창덕궁 후원 부용지 맞은편에 있다. 宙合樓

주합루라는 현판이 달린 건물의 위층은 도서 열람실, 아래 층이 규장각이었다. 그동안 옛글을 매개로 만나 벗이 된 조선 문인 중 여럿이 규장각에서 검서관으로 일했다. 검서 관은 규장각 소장 서적들을 검토하는 일을 담당한 관원이 다. 특히나 검서관의 경우 庶孼서얼 출신의 불우한 젊은 인 재를 등용하기 위해 특별히 마련한 자리이기도 했다. 서얼 이었던 유득공 역시 1779년 규장각의 초대 검서관으로 관 직 생활을 시작했다.

규장각에는 조선의 서적뿐 아니라 청나라에서 건너 온 최신 학술 서적들까지 망라해 소장되어 있었기에, 검서 관은 마음껏 책을 읽고 하고 싶은 공부를 할 수 있었다. 당 대의 반짝거리는 학자들이 그곳에 모여 함께 읽고 쓰고 토 론하며 조선의 학계를 이끌어나갔다. 그래서 유득공을 비 롯해 李德懋이덕무·朴齊家박제가·徐理修서이수 등의 문집 에는 그들이 검서관으로 재직하던 때에 남겨둔 시와 단상 들이 여러 편 남아 있다. 그 기록들을 읽으면, 밤새워 치열

하게 공부하고 글을 썼던 그들의 학문에 대한 열정이 절절
히 느껴진다. 공부하는 길 위에서의 고민뿐 아니라 공부를
통해 만나는 벅차게 기쁜 순간들을 나누었던 검서관 동료
들의 우정 역시 엿볼 수 있다. 그들의 찬란했던 젊은 날들
이 규장각에, 규장각에서 내려다보았을 부용지에, 수없이
드나들었을 창덕궁 문턱들에, 켜켜이 쌓여 있을 것이다.

2022년 햇볕이 쨍한 여름날, 민아와 함께 창덕궁을 걸었
다. 우리는 부용지 위에 뜬 구름과 水蓮수련을 함께 눈에 가
득 담았다. 민아에게 유득공과 그 동료들의 이야기를 들려
주었고 우리는 1779년의, 1795년의 시간을 상상했다. 한
자 줍는 나를 곁에서 진심으로 응원해주는 민아 덕분에 몹
시 든든했다. 글을 통해 벗이 된 尙友상우도, 지금 내 곁의
벗도, 감사하고 소중하다는 생각에 내내 마음이 몽글거렸
다. 시공간을 넘나들며 느껴지는 연결의 끈과 감정이 점점
짙어져서 눈물이 날 것도 같았다.

나는 민아에게, 만약 인생에서 단 한 번 타임머신을 탈수 있는 기회가 주어진다면 유득공이 규장각에서 밤샘 근무를 서던 그 밤으로 갈 것이라고 말했다. 민아는 그날로 가서 무엇을 물어보고 싶냐고 했다. 나는 다시 민아에게, 너랑 이렇게 이야기를 나누듯이 내가 좋아하는 또 다른 벗인 유득공과도 오랫동안 차근히 대화를 나눠보고 싶다고 답했다. 그에게 궁금한 것이 너무 많다고, 그가 남긴 수없이 아름다운 시와 글들처럼 그 사람도 실제로 그렇게 아름다운 사람일지 궁금하다는 말도 덧붙였다.

詩讖

시 시, 예언 참
: 우연히 지은 시가 앞날을 예언함

시의 예언

詩시에 담긴 한 글자가 시인에게 다가올 운세를 초연히 점치는 중이었다. 시인이 낙점한 글자는 복선이 되어 숨죽인 채 미래를 조각해나갔다. 시가 얽어낸 우연적 단어들이 마침내 시인의 삶을 뒤흔드는 운명적 사건으로 벌어졌다. 멀찍이 던져두었던 세계 안에 뛰어든 듯 旣視感기시감을 인식한 시인은 자신의 시였던 문장으로 거슬러 올라갔다. 시가 만들어놓은 문들을 시인은 하나씩 열어 보았다. 시는 길조 혹은 망조를 시인에게로 體化체화하며 제 몫의 곡진함을 다했다. 무심하게 내뱉은 말의 자국들이 이어져 여기의 장면으로 실현되고 나면, 꿈결에 발화한 글자·단어·문장은 돌연 예언(讖)으로 판명됐다. 의도를 부여하지 않고 지은 시가 훗날의 현실에 꼭 들어맞을 때 옛 시인들은, 과거에 쓴 시를 돌이켜 그것이 곧 '詩讖시참'이었노라 지목했다.

瓦礫糞壤

기와 **와**, 조약돌 **력**, 거름 **분**, 흙덩이 **양**
: 깨진 기와 조각과 거름 부스러기

깨진 조각의 멋

부다페스트에 머물렀던 겨울의 일주일 내내 웅성거리는 관광지를 피해 깊숙한 골목을 걸어 다녔다. 아무도 관심을 두지 않는 흐리고 해진 것들 사이를 流浪유랑하다 보면 작고 빛나는 것이 눈에 띄었고, 쓸모없음의 쓸모가 떠올랐다. 裸木나목이 입고 있는 누더기, 누군가 색깔을 칠해 둔 깨진 시멘트 바닥, 정성껏 휘갈겨 쓴 낙서들. 전부의 시선이 쏠린 觀光관광과 博物박물의 뒷모습에서 만난 조각들은, 미완성인 채로 완성인 아름다움이었다. 휘황함과는 거리가 먼 기대 밖의 생활 장면에서 번뜩이는 마음을 마주한 순간에, 가장 여행답게 설레었다. 번화가를 빠져나와 인적 드문 골목길에 무심하게 놓인 낡은 조각들을 모으며, 조선의 문인 朴趾源박지원, 1737~1805을 오래 생각했던 여행이다.

박지원은 1780년 청나라로 燕行연행(사신으로 중국 연경에 다녀온 행차)을 떠나 난생처음 조선 밖 세상을 구경했다. 건륭제가 운영한 당시의 청나라는 문화 융성이 극에 달한 상태였고, 북경은 찬란한 문명의 집결지였다. 호

瓦
礫
糞
壤

기심 많고 호탕한 문인학자 박지원은 청의 신문물을 주의 깊게 관찰해 세세히 기록했다. 그런데 그는 청에서 본 제일의 壯觀장관이 다름 아닌 '깨진 기왓장과 거름 부스러기'라고 적어두었다. 사람들이 몰려들어 구경하는 웅장한 건축물과 화려한 물건은 그의 관심사가 아니었다. 버려진 기와 조각을 포개어 무늬를 만든 담벼락과 부스러기까지도 귀하게 모아 반듯한 모양으로 쌓아둔 거름 무더기가 그의 마음에 감동과 興趣흥취를 일으켰다.

먼 시공간의 거리를 뛰어넘어 그와 부다페스트의 뒷골목을, 중국으로 향하는 연행길을 함께 걷는다면, 우리는 길가의 조각들이 지닌 효용과 멋스러움에 대해 맞장구치며 신나게 이야기 나눌 것 같다. 세월 품은 글을 읽는 즐거움은, 과거와 현재의 발걸음이 나란해지는 이런 순간의 짜릿함에 있다.

清心丸

맑을 **청**, 마음 **심**, 둥글 **환**
: 심장의 열을 풀어주고 마음을 안정시키는 데
효험이 있는 약

만병통치약 선물

조선시대에 중국으로 가는 使臣사신은 벗을 사귈 때 선물할 여러 물건을 챙겼다. 중국에서 인기가 제일 좋았던 선물은 다름 아닌 조선의 淸心丸청심환이다. 옛날 사람들은 청심환을 만병통치약으로 여겼다. 鬱鬱울울히 막힌 마음을 맑게 풀어주길 바라는 것을 넘어서, 심신의 어디든 개운치 않으면 청심환에 의지했다. 의술이 한정적이던 그 시절, 효험이 증명된 약에 기댈 수 있는 건 크나큰 위안이었다. 그러니 수많은 물건 중 만병통치약을 선물로 건네는 것은, 이국땅에서 맺은 귀한 인연의 萬事만사가 두루 평안하길 기원해주는 각별한 안부 인사였을 테다.

漂
海

떠다닐 표, 바다 해

: 바다 위를 표류함

망망대해의 일기

바닷길로 외국에 사신을 가던 조선 초엔, 후손들이 혹여
사신으로 임명될까 봐 유서에 '문과 급제를 하지 말라'는
말을 남겼다고 한다. 옛날 사람들은 먼 바닷길에 오르는
걸 목숨을 내놓는 일이라 여겼다. 바다는 두려움의 공간
이자 신성한 세계였다. 풍랑이 집어삼켜 배가 방향을 잃는
사고는 순식간에 벌어졌다. 보물을 싣고 가던 14세기의 교
역선은 난파되어 가라앉았다가 700여 년 뒤 목포 신안 바
다에서 발굴됐다. 돌아가야 할 집과 연락 닿을 방법이 없
던 그땐, 애태우는 것밖에 할 수 있는 일이 없었다.

긴긴 시간을 회색빛 망망대해 위에서 일렁이다가, 흘
러가 닿은 곳이 낯선 외국 땅인 경우도 있었다. 18세기 우
이도에서 출항한 홍어 장수는 3년이 넘도록 표류하며 제
주도·일본·필리핀을 떠돈 기록을 남겼다. 먼 바다 위에
서 겪은 우여곡절을 적은 '漂海錄표해록'에는 아득했던 공
포의 시간 끝에 살아 돌아온 감격을 비롯해, 우연히 배가
정박한 이국의 문물도 촘촘히 기록되어 있다. 기적은 드물

게 일어났고 그래서 작품 수는 손에 꼽는 정도이다. 기약 없는 긴 항해에서 영영 길을 잃은 사람들이 있었고, 끝끝내 돌아오지 못한 사람들도 있었다.

여전히 이별과 드나듦이 일상인 지금의 港口항구도시는, 특유의 어수선하고 조금은 슬픈 분위기 풍긴다. 선사시대 이래 배를 타고 땅과 바다를 넘나든 오랜 역사와 그곳을 지나간 사람들을 떠올리며 바다를 응시하다 보면, 항구를 품은 도시가 마냥 휴양지로만 다가오지는 않는다. 잠시 멈춰 있는 배들은 먼 바닷길로의 항해를 준비하고, 금세 떠날 사람들은 여유롭게 바다 위를 표류하는 중이다. 닻에 묶여 정박해 있는 고기잡이 배들과 여행자들이 서핑하는 순간이 공존하는 장면이 어쩐지 그리 조화롭지 않게 느껴지기도 한다.

波瀾

물결 **파**, 물결 **란**

: 크고 작은 물결

행운은 파란의 일

'波瀾파란'은 잔잔했던 물에 파동이 생겨 일렁이는 크고 작은 물결을 묘사한 단어이다. 그래서 평탄하고 단조로워 順순하게 흘러온 일상에 갑작스레 亂調난조의 시련이 닥쳤을 때, '한바탕 파란이 일었다'라고 표현하는 것이다. '波瀾萬丈파란만장'이라는 성어 역시 萬만丈장 높이의 기복이 심한 파도와 같은 변화무쌍한 삶을 형용한다.

한자로 쓰인 비평문에도 '파란'이 자주 등장한다. 어떤 흐름에 따라 써내려 온 글이 급격히 기세가 변할 때, 혹은 확연하게 두드러질 만큼 빼어난 문장력을 뽐낸 부분에 대체로 '파란'이라는 評語평어가 붙어 있다. 세월을 거듭해 널리 읽힌 필독서에는 대체로 비평가마다 비슷한 문장의 곁에 '파란'이란 용어의 평을 달아 두었다.

그런데 이 청개구리 심보의 초학자는, 괜히 '파란'이 적히지 않은 문장 앞에서 마음에 '파란'이 일곤 한다. 수백 수천 년 전 선배 문인학자가 쓴 글을 읽다가 지금의 내 안에서 波浪파랑이 형성되는 순간을 만나는 건, 규칙이 없는 행운의 所管소관이리라.

指頭畫

손가락 지, 머리 두, 그림 화

: 손톱, 손가락, 손바닥 등 붓 대신 손의 일부를
사용해 그림 그리는 기법

손으로 그린 시

1790년 8월, 滿洲族만주족 화가 完顔魁倫완안괴륜, 1752~1800
은 먹물이 묻은 손으로 부채에 그림을 그리며 놀았다. 손
톱, 손가락, 손바닥에 먹물을 적셔 손 가는 대로 형상화한
꽃은 분명 붓으로 그린 꽃과는 다른 아우라를 발산했다.
사물이 뿜어내는 자태와 향기의 파동이 번져 관찰자를 울
렸고, 그 울림은 손을 통해 오롯이 화폭에 담겼다. 사물과
합심한 몸이 도구가 되어 造形조형한 그림은, 본체의 고고
한 진면목을 逼眞핍진하게 재현해냈다. 예상 밖의 濃艶농
염으로 피어난 꽃 그림 앞에서 화가는 詩心시심이 발동했
다. 괴륜은 시를 지어 부채 여백에 써 내려갔다. 손가락에
먹물을 적셔 그린 노란 국화의 모양이 쓸쓸한 와중에 그윽
함을 머금고 있음을 읊었다. 맑게 형상화한 가지와 잎은
억지로 본떠서 꾸며낸 아름다움이 아니라 더욱 기쁘다는
심정을 괴륜은 시에 담았다. 마음이 손가락을 타고 내려와
그림이 됐고, 그림은 마음을 거슬러 시가 됐다.

文字

무늬 **문**, 글자 **자**
: 음성 언어를 시각적 기호로 나타낸 것

문자의 시작

도무지 무슨 말을 적어 놓은 것인지 상상조차 되지 않는 문자들과 遭遇조우할 때면 심장이 마구 뛴다. 설레서!

한자

중학교 3년 동안 교실보다 미술실에서 그림을 그리고 글씨를 쓰며 더 많은 시간을 보냈다. 미술 선생님은 서예와 동양화를 전공한 분이셨고, 그때 나는 먹을 정성껏 갈아 붓으로 화선지에 글씨 쓰는 법을 배웠다. 그러는 사이 한자의 字形자형이 지닌 예술성에 먼저 반하게 됐다. 한자의 형상을 머릿속에 떠올려 둔 채, 그림을 그리는 마음으로 한 획씩 종이에 써나가 글자 하나를 완성하는 과정 자체가 재미 있었다. 한자를 쓰고 한문을 읽는 것이 그때의 나에겐, 그림을 그리고 작품을 감상하는 일처럼 느껴졌다. 한문학 전공자가 된 지금의 나는, '한자'라는 문자와 자연스럽게 친해진 그 시절에서 비롯되었는지도 모른다.

그림 문자

어엿한 체계를 지닌 문자는, 표현하려는 대상의 형태를 본
뜬 '象形文字상형문자'에서 기원한다. 한자의 출발도 역시
상형문자이다. 상형문자 이전엔 그림 문자가 있었다. 선사
시대의 기록으로 알려진 '울산 반구대 암각화'는 문자 체
계가 확립되기 이전에 문자의 역할을 했던 바위 그림의 대
표적 사례다. 우리가 상상하는 것보다 훨씬 더 오래전에도
사람들은, 자신에게 소중한 물건, 사람, 이야기를 영원의
기록으로 남기고자 했다. 세계의 각기 다른 아름다운 문자
들은 모두 다 그런 마음에서 빚어지고 서서히 발전해온 것
이다.

만주 문자

滿洲語만주어는 움직임이 유연한 실을 풀어 흘러내려 가도
록 두었다가, 다시 단단히 매듭을 지었다가, 하듯이 세로
로 써 내려간다. 마술사가 걸어놓은 주문을 하나씩 풀어나

가는 마음으로 몇백 년 전의 만주 문자를 읽는다. 작은 마음, 작은 현상, 작은 물건까지 단어로 만들어둔 귀여운 이 문자에 순식간에 매료됐다. 생경한 문자 체계를 습득해나 갈수록 '만주족'이라는 사람들, '만주'라는 세계와 점차 가까워졌다. 우리만 아는 언어로 누군가와 암호 같은 글을 공유한다는 느낌은, 비밀 친구와 교환 일기장을 몰래 나눠 쓰는 듯 내밀한 기쁨을 선사했다. 만주어의 아름다움에 기대어 살았던 몇 마디의 시절들이, 문자를 공부하는 즐거운 흥분으로 각인되었다. 만주어를 母語모어로 사용하는 화자는, 현재 중국 三家子村삼가자촌이라는 지역에 극소수만 생존해 있는 상태다. 이 사실을 떠올리면 만주어의 세계를 알게 되었다는 것이 새삼 감격스럽다.

여진 문자

만주족은 나무를 [moo]라고 불렀다. 만주어와 친연성이 있는 고대 몽골어에서 나무는 [modu]라는 음가였고, 현

대 몽골의 키릴 문자에서는 [mod]라 읽는다. 만주족의 선
조인 女眞族여진족도 나무를 비슷하게 발음했다. 여진 문
자가 남아 있는 소수의 기록을 들추어보면, 여진족 역시
나무를 [모]라고 발음한 사실을 알 수 있다. 조선에서 나무
는 [나모]로 발음되다가 점차 [나무]로 바뀌어 정착했다.
우리말·만주어·여진어·몽골어는 문자의 모양은 서로 달
라도, 나무를 입으로 말할 때 몸을 울리는 소리의 餘韻여운
은 닮았던 것이다.

수메르 문자
인간이 말을 文字문자로 기록한 현상에도 始初시초가 존재
한다. 음성을 시각적 기호로 나타내어 체계를 형성한 최초
의 문자는 '수메르' 문자이다. 기원전 3000년경 수메르인
은 점토로 만든 판에 문자를 새겼다. 이때의 수메르어는,
표현하려는 사물의 특성을 간략히 나타낸 그림 문자에 가
까웠다. 이러한 초기 수메르 문자로 형상화한 내용은 세금

납부나 식료품 지급 등과 관련된 간단한 사항들이었다. 문자로서의 체계를 갖추어 긴 글을 창작하게 된 것은 기원전 2000년대에 이르러서이다. 인류 역사상 처음 만들어진 문자는 이 무렵부터 비로소 문학을 짓게 되었다.

境界

경계 **경**, 한계 **계**
: 일정한 기준에 의해 구분되는 한계

경계를 넘어서

이곳에서 저곳으로 境界경계를 넘는 일은 저질러보면 한순간 일어난다. 해외여행을 다니며 대중교통으로 나라의 경계를 넘나들 때마다 꼭 구글 지도를 켠다. '넘어가는 순간'을 지켜보기 위함인데, 대단한 감격을 기대하지만 넘어가는 일은 매번 너무도 단번에 벌어진다. 넘어가도 큰일이 일어나지 않는다. 우리는 언제든 자유자재로 경계선을 밟고 뚜벅뚜벅 밖으로 나가도 괜찮다. 그럼에도 불구하고 정해진 뒤로 오랜 시간 동안 견고해진 선을 넘어, 익숙한 영역 안으로부터 밖으로 나가는 逸脫일탈에 누구나 조금씩 두려움을 지니게 되는 것이다.

여기에도 저기에도 속하지 않은 채로 경계를 허물고 다니는, '연결'과 '넘나듦'의 공부를 추구한다. 나의 전공과 다른 분야의 텍스트가 번뜩이는 깨달음을 주기도 하고, 반대편의 이야기끼리 어느 지점에서 만나 서로 질문과 답을 주고받는 과정은 언제나 흥미롭다. 한문학 논문을 쓰다가 생각에 진전이 없어 우연히 펼쳐 든 과학책에서 뜻밖의 해

답을 찾기도 하고, 번역이 잘 풀리지 않아 미술관을 걷던 중 문득 글자가 떠오르기도 한다. 공부하다가 우연히 그런 연결 지점에 도달하면 그 어떤 좋은 선물을 받았을 때보다 날 듯이 기쁘다.

눈치 보지 않고 마음대로 경계선 밖으로 나가, 그 어떤 다른 세계와도 어울려 노래하고 춤추듯 자유롭게 읽고 쓰는 연구자가 되길 꿈꾼다. 그래서 대학원에 입학해 한문학 전공 공부와 더불어, 北方북방 민족의 언어를 배우고 중앙아시아 역사를 파고들었다. 전공의 경계 안에서 쌓아 올려온 기존 연구 성과들에서 벗어나 바깥의 시각으로 다시 안을 살펴보면, 탐구할 가치가 있는 수많은 신선한 연구 주제가 생겨난다는 걸 알게 됐다. 경계를 무너뜨리고 主唱주창만 해온 융합을 정말로 실천해버리면, 얼마든지 연구의 저변을 넓혀 새로운 학문 분야를 개척해나갈 수 있으리라 생각한다. 한문학계에서 주된 연구 대상으로 삼아온 漢族한족뿐 아니라 女眞族여진족, 蒙古族몽골족 등 북방 유

境
界

목 민족의 눈으로 역사와 문학을 재해석하는 연구자가 되
리라 마음먹게 된 것도 그런 이유에서다.

木

나무 목

: 하늘로 뻗은 가지, 몸통을 이룬 줄기, 땅에 내린
뿌리 등으로 구성된 식물

생의 언어

하늘 ∞ 숨 ∞ 땅

위 ∞ 중간 ∞ 아래

미래 ∞ 현재 ∞ 과거

나무는 세 영역을 한 몸에 아우른다. 영역을 넘나드는 것
이 아니라 일체의 형태로, 뻗어 나가면서 숨 쉬면서 뿌리내
리면서 있는, 同時동시의 존재다. 나무 앞에 선 인간은, 하
늘과 닿은 가지 꼭대기를 올려다보기도 하고, 살아내는 중
인 기둥에 기대기도 하고, 끝을 가늠할 수 없는 뿌리에 물
을 주기도 한다. 魂혼이 있을 하늘, 生생이 있는 몸통, 魄백
이 있던 뿌리가 연결된 채로 존재하는 이 경이로운 생명체
를 인간은 오래전부터 신성시여겼다.

　　낯설고 험한 땅을 떠돌며 사냥하고 전투하는 것이 삶
자체였던 유목 민족은, 어찌할 수 없는 자연의 힘과 이치
를 온몸으로 겪어냈다. 그래서 자연 앞에 한없이 겸손했
고, 하늘·땅·바람·비·구름·해·달·별을 神신으로 모시

木

며 제사를 지냈다. 이때, 자연의 신을 대표하는 존재가 나무였다. 그들은 먼 사냥 긴 전투를 떠날 때, 솟대로 삼아 제를 올릴 나뭇가지 '神杆신간'을 귀하게 지니고 여정을 함께 했다. 여정 중 걷다가 멈춰 신간을 땅에 꽂고 無事무사를 기원하는 제를 올렸다. 이 전통은 주거환경에도 반영되어, 만주족이 지은 집 마당 한 편에는 天神천신과 交通교통할 버드나무 한 그루가 반드시 심겨 있다. 죽은 것들을 밟으며 척박한 벌판을 걷던 유목민에게 나무는 生생을 품은 오아시스이자, 생의 염원을 담은 언어였던 것이다.

未
濟

아닐 미, 건널 제
: 아직 건너지 못함

건너야 할 물음표

'未미'라는 부정어를 좋아한다.

아직은 아니지만 다가올 미래의 어느 때라도 이루어질 가능성이 있다고 여기는 서술어 앞에 未를 붙인다. 아니라고 단호히 부정하는 '不불'과 달리 희망 쪽으로 기울어진 글자이다. 선택의 기로에 놓인다면, 완전한 긍정이나 부정으로 나아가지 않고 未의 상태에 오래 머물러 있길 택할 것이다. 未는 아직 어디로 갈지 모르겠다고 말할 자유, 엉뚱한 질문을 쏟아내도 용서받을 단서를 품은 채 열려 있기 때문이다.

쉽게 단정되지 않아야 오래 좋아할 수 있다. 연구자가 쏟아부은 노력이 무색하게, 해석할 여지와 반전의 가능성이 무궁히 생겨나는 未知미지의 대상을 연구하고 싶었다. 골똘히 탐구해도 계속 궁금한 것이 생겨나, 노학자가 되어서도 아직 모른다고 말할 수 있길 바랐다. 오해와 이해가 교차하는 분투가 끝 모르고 이어져야만, 사라짐의 두려움은 잊히고 마음껏 공부에 매진할 수 있을 것 같았다. 살아 있는 모든 순간에 무언가를 해독해내고 싶은 욕망으로 휩싸인다면, 생을 마감하는 때에 당도해서도 질문하는 사람이 되어 있을 것이다.

주어진 몫의 시간 내내 하나의 화두에 촉을 곤두세운 연구자가 되어, 초점 밖 어두운 것들에겐 초연해지는 삶이길 기대했다. 이미 그런 길을 걸어간 선배 연구자들을 반추하면서 그것이 불가능한 꿈이 아님을 확신하게 됐다. 그런데 무한한 연구의 원천이 되는 대상을 만나는 건, 운명의 영역일지도 모른다. 물론 연구 가치를 지닌 자료를 알아보는 감식안은 탄탄한 공부에 기반한다. 하지만 부모·자식·배우자와의 만남이 단지 노력이나 우연의 결과라고 여겨지지만은 않는 것처럼, 평생 골몰할 책·사람·세계를 만나는 일 역시 마찬가지다. 인연의 표면 너머에 설명이 어려운 끈끈한 힘의 영역이 있어, 서로를 알아보도록 이끌어주는 것만 같다.

滿洲만주라는 세계의 존재를 알게 되고, 만주족이 남

긴 문자와 문학을 공부한 모든 시간 동안, 살면서 겪어보지 못했던 종류의 기쁨과 보람을 느꼈다. 만주족 문인이 남긴 글이나 만주어로 쓰인 역사적 자료들을 마주하면, 안에 무엇이 들어 있는지 가늠이 어려운 보물 상자를 마주한 기분이 됐다. 만주족에 대한 많은 부분이 조명받지 못한 未知미지의 상태로 존재하고 있다는 사실 덕분에, 보물을 한가득 축적한 부자가 된 듯 든든했다.

만주족은 진짜 이름으로 불리지 못했던 사람들이다. 긴 세월 동안 미개하고 무식한 '오랑캐'로 폄하 받았고, 그러는 사이 그들을 향한 해석은 여러 오해의 프리즘을 거쳐 왜곡됐다. 아무도 실상을 궁금해하지 않으면, 그들이 세상에 남겨둔 아름다운 흔적들은 영원히 먼지 속에 침전해 있을 것이다. 외면받아온 시간만큼 해석해달라 아우성치는 오래된 마음들의 목소리가 크게 들렸다. 만주족과 관련된 자료들을 발견해 연구사를 검토해보면, 대부분 연구 이력이 없는 날 것의 자료이다. 청나라 때 만주족 문인이 남긴 문집, 조선 문인에게 보내온 書信서신, 만주어 학습서, 만주어로 된 외교문서 등, 진귀한 자료들이 중심에서 비켜나 비밀처럼 조용히 존재해왔다.

만주족에 관한 이야기가 침전해 있었던 원인은, 관행처럼 이어진 오해를 토대로 그들을 일그러지게 바라본 데에 있다. 조선 지식인들은 북방 민족을 敎化교화되지 않은 미개인으로 보는 전통적 華夷觀화이관이 확고했다. 누르하치(Nurhaci)가 이끈 만주족은 명나라를 멸망시키고 청나라를 세웠지만, 對明義理대명의리가 군건한 사대부의 눈에 만주족은 여전히 북방 오랑캐일 뿐이었다. 중국이라는 한 겹의 막이 덧씌워진 상태로 북방 민족을 바라본 것이다.

그런데 조선 사대부 지식인들이 북방 세계의 사람들을 오랑캐라며 배척한 시선은, 겉모양만 조금씩 변했을 뿐 지금까지 견고히 이어져 왔는지도 모른다. 현대의 연구자들이 만주족을 비롯한 북방 민족을 주요 연구 대상으로 논하지 않고 경시해온 태도 역시, 멸시의 脈맥은 과거와 관

통해 있다고 생각한다. 가로막은 오해들을 걷어내고 만주의 정체성, 만주와 조선의 관계를 똑바로 바라보려 애쓰니 새로운 문이 열렸다. 무엇보다도, 博識박식함을 갖춘 뛰어난 만주족 문인학자들이 수면 위로 떠올라 말을 걸어왔다.

제일 먼저 만난 만주족 문인은 鐵保철보이다. 철보가 남긴 詩文시문을 고찰하다 보니, 조선과의 연결고리가 서서히 드러났다. 만주족이라면 치를 떨었던 일반적인 사대부 문인들과 달리, 그들과 문예 교류를 펼치고 우정을 쌓기까지 한 일부 조선 문인들이 있었다. 朴齊家박제가나 柳得恭유득공 같은 인물들은 만주족의 성정을 시에 담은 철보의 문학관에 적극적으로 공감했고, 그와의 만남을 귀한 기억으로 간직해 기록해두었다. 철보와의 대화가 시작된 뒤로 뒤이어 玉保옥보 · 完顔魁倫완안괴륜 · 成策성책 · 豊紳殷德풍신은덕 · 興瑞흥서…… 아직 세상에 알려지지 않은 낯선 이름들이 여기저기서 나에게 달려왔다.

실체로 다가가는 물꼬가 트이고 나니, 질문이 주렁주

렁 매달렸다. 하지만 아직 공부의 길 初入초입에서 헤매는 중인 초보 연구자는, 귀한 자료를 발굴하고 나서도 해독에 무척 많은 시간을 쏟아야 겨우겨우 유의미한 질문이 떠오른다. 질문은 또 다른 질문을 낳고, 밥을 먹을 때에도 길을 걸을 때도 달리는 버스 안에서도 항상 머리 위에 물음표를 달고 다닌다. 수많은 연구자 중 하필 나의 눈에 띈 먼 땅의 옛사람이 품어온 간절함을 떠올리면, 먹여 살려야 할 식구가 있는 家長가장처럼 책임감이 생겨난다.

진심으로 연구 대상과 치열하게 질문을 주고받은 시간의 흔적은 숨길 수 없을 것이다. 수 없는 낮과 밤의 뜨거운 탐구를 거쳐 나온 논문이어야만, 읽는 이에게 울림을 전한다. 그런 좋은 논문은 아직 밝혀지지 않은 진실의 실마리를 품고서 또 다른 질문을 만들어낸다. 논문이라는 장르의 글을 쓰는 사람으로 살아갈 연구의 길에서 나에게 주어진 소명이 있다면, 말 걸어줄 연구자를 기다리는 소수들에게 끊임없이 질문을 던지는 일이다.

『周易주역』을 토대로 앞날을 점칠 때, '아직 건너지 못했다'라는 뜻의 未濟卦미제괘는 吉길함을 상징하는 괘로 풀이된다. 극복해야 할 대상을 아직 건너 넘어서지 못한 상태는, 변화할 희망을 가득 품고 있기에 긍정적 점괘로 보는 것이다. 나의 눈앞에는 아직 건너야 하는 질문들이 아득하게 줄을 서 있다.

北大門 북대문 - 肅靖門 숙정문

하늘과 소통하는 문이라 하여

숙정문은 600여 년간 사람들의 통행이 금지된
'닫힌 문'이었다. 북악산 험악한 산세의 중턱에 지은
북대문이 경복궁의 팔에 해당하는 방위에 놓여 풍수가
좋지 않다는 이유로, 조선 초부터 울창한 소나무 숲을
만들어 문을 막았기 때문이다. 북쪽은 陰음이자 여성을
상징한다. 이에 조선 후기 저명한 학자 李圭景이규경,
1788~1856은, 음한 숙정문을 열어두면 음기가 번져 장안의
여성들이 문란해질까 염려해 문을 닫아둔 것이라는
속설을 제시하기도 했다. 이처럼 평소에 사람들이 오가지
않았던 닫힌 문은 가뭄이 들면 비로소 열렸다. 비를
염원하기 위해 닫혔던 숙정문을 열어놓고 기우제를 올린
것이다. 음기는 곧 水수의 기운이기에 북대문인 숙정문은
비를 내려주는 하늘과 소통하는 문으로 여겨졌다.

끝마치며

한자를 줍는 일은 대학원에 입학하던 때부터 시작됐다. 나는 평소에 용도별 여러 종류의 수첩들을 지니고 다닌다. 논문 아이디어 수첩, 일정 정리용 플래너, 하루를 기록하는 일기장, 그리고 표지에 '한자 줍기'라고 적은 수첩까지 총 네 권이 있다. '한자 줍기'는 원래 한문 공부를 하다가 모르는 한자나 특별한 교훈을 지닌 구절을 포착하면, 이를 기억하기 위해 옮겨 적어두는 용도의 수첩이었다. 그러다 점점 좋아하는 한자, 아름다운 의미를 지닌 한자들을 모으는 수첩이 되어 갔다. 자료를 번역하거나 논문을 쓰다가, 經書경서를 읽다가, 박물관을 걷다가, 여행지의 낯선 간판들을 구경하다가, 울림을 주는 한자가 반짝거리며 눈에 띄면 수첩을 꺼내 적었다. 이를 지켜보던 친구는 나더러 도토리를 주우러 다니는 다람쥐 같다고 했다.

한 해가 시작되던 겨울부터 봄, 여름, 가을에 이르기까지, '한자 줍기' 수첩에 담아 두었던 한자들을 꺼내어 글로 써나가는 작업을 했다. 대학원 박사과정 공부와 더불어 또 그와는 별개로 동시에 한국고전번역원에서의 한문 연수 과정을 밟으면서, 틈틈이 이 책에 들어간 글들을 썼다. 그동안 주워 담은 한자 도토리들은, 오랫동안 내가 삼키고 있던 이야기들을 꺼내도록 만든 촉매제가 됐다. 품어만 왔던 생각을 글로 옮긴 그 시간은, 너무 빠듯하고 분주해서 자칫 우울에 빠지기 쉬운 나의 일상에 크나큰 활력이 되어주었다. 글을 쓰기 오래전부터 이미, 생의 안쪽에 놓인 현실을 이겨내도록 다독인 건 언제나 창밖에 던져둔 순하고 보드라운 것들이었다. 그 예쁜 것들을 언제까지고 바깥에 숨겨 두고 혼자만 지켜볼 수는 없는 노릇이란 생각을 하면서, 창문을 열었다.

카카오 브런치에 '한자 줍기'를 연재하기로 마음먹은 것은 내가 보고 느껴온 다정함을 곁의 소중한 사람들과 나누고 싶다는 마음에서 출발했다. 아울러 그 마음의 根底근저에는 어려운 공부의 길을 걷는 내가 이 길을 걷는 이유를 한시도 잊지 말고 좀 더 기쁘게 공부를 해나가길 바라는 마음이 짙게 깔려 있었다. '한자 줍기'를 쓰고 세상에 내놓는 과정이 공부하는 나를 지켜줄 큰 힘이 되리란 믿음과 기대가 두터웠다.

예상대로, 이곳으로 데리고 와 글로 풀어낸 창밖의 이야기들은, 하루하루 기운을 내도록 다독였다. 당면한 오늘이 너무 싫거나 괴로울 때도 자주, 글 쓰는 일로 도망을 쳤다. 일종의 분출구 같은 역할을 해준 것이다. 모든 공부와 연구가 어렵지만, 한문 공부와 한문학 연구의 과정도 정말로 쉽지가 않다. 밟아가야 할 계단을 한 칸씩 오르는 동안, 현실의 부대끼는 일들과 공부의 어려움에 질질 끌려가지 않고 주관대로 균형을 잘 잡으려면 나만의 '기댈꽃'이 반드시 필요하다고 생각해왔다. 이 책을 쓰는 동안 여기에 담긴 글들은 모두 다 그 시절마다 기대었던 창문이다. 속수무책으로 흘러가는 날 위에서 도처에 숨어 있던 가시 돋은 것들이 불쑥 튀어 날아와 꽂혀 따가워도, 주워온 한자들과 써온 글들을 꺼내 읽으면 그 안에 깃들어 있는 初心초심이 떠올라 나아갈 힘이 났다.

　도망치지 않고 현실에 발붙인 채 살아내기 위해서 나에겐 많은 창문이 필요했다. 여러 개의 창문 중 하나의 창문을 열어, 그 밖에 던져두었던 아끼는 것들을 이 책으로 꺼내와 펼쳐냈다. 이 창문이 여태껏 나와 함께 마음을 나누며 형성해온 하나의 세계를 마침내 『한자 줍기』라는 책에 모두 다 쏟아냈다. 창문이 열려 있던 동안 쓰고 싶은 글을 쓰면서 행복하고 든든했다.

이제 이 창문은 여기에서 그만 닫고 책꽂이에 꽂아 두려 한다. 대신, 예쁘고 귀한 것들을 주워 모아 둔 또 다른 창문을 이어서 열 용기를 조금씩 내보아야겠지.

최다정(崔多情)

한자와 만주문자를 단서로 삼아 옛날을 탐구하고 있다. 여기 너머에 있는
옛 문자의 세계를 동경한다. 한국고전번역원 부설 고전번역교육원 연수과정을
졸업했으며, 현재 고려대학교 고전번역협동과정 박사 재학 중이다.

**한
자
줍
기**

1판 1쇄 펴냄 2023년 1월 31일
1판 2쇄 펴냄 2025년 1월 16일

지은이 최다정
펴낸이 손문경
펴낸곳 아침달

편집 서윤후, 정채영, 이기리
디자인 정유경, 한유미

출판등록 제2013-000289호
주소 04029 서울시 마포구 양화로7길 83, 5층
전화 02-3446-5238
팩스 02-3446-5208
전자우편 achimdalbooks@gmail.com